本书出版得到湖北大学政法与公共管理学院的资助

『三支一扶』计划实证研究：以湖北为例

李文敏 著

WUHAN UNIVERSITY PRESS
武汉大学出版社

图书在版编目(CIP)数据

“三支一扶”计划实证研究:以湖北为例/李文敏著. —武汉: 武汉大学出版社,2017.5

ISBN 978-7-307-19367-3

Ⅰ.三… Ⅱ.李… Ⅲ.农村工作—研究—湖北 Ⅳ.F327.63

中国版本图书馆 CIP 数据核字(2017)第 109005 号

责任编辑:徐胡乡　　责任校对:李孟潇　　版式设计:马　佳

出版发行: **武汉大学出版社** (430072 武昌 珞珈山)

(电子邮件: cbs22@whu.edu.cn 网址: www.wdp.com.cn)

印刷: 虎彩印艺股份有限公司

开本: 720×1000 1/16 印张:15 字数:223 千字 插页:1

版次:2017 年 5 月第 1 版 2017 年 5 月第 1 次印刷

ISBN 978-7-307-19367-3 定价:39.00 元

目　　录

第一章　绪论

一、研究背景

实施"三支一扶"计划是党中央、国务院作出的一项重大决策，是推动人才强省、构建中部支点、促进跨越发展的重要举措。2006年，中组部、原人事部、教育部等八部门下发《关于组织开展高校毕业生到农村基层从事支教、支农、支医和扶贫工作的通知》，以公开招募、自愿报名、组织选拔、统一派遣的方式，从2006年开始连续5年，每年招募2万名高校毕业生，主要安排到乡镇从事支教、支农、支医和扶贫等工作，服务期限一般为2~3年。政策目的是引导和鼓励高校毕业生面向基层就业，并向农村贫困地区输送受过高等教育的急需人才，尤其是侧重于国家扶贫开发工作重点县等需要重点扶持的地区。

迄今为止，"三支一扶"计划已在湖北省实施了将近10年，每年有1000多名大学毕业生在相关的农村基层机构服务，服务区域涉及多个县市。但是，"三支一扶"计划的实施情况如何？能否实现政策的初衷？计划实施过程中存在哪些问题？如何进行改进？这些问题自"三支一扶"计划实施以来尚未进行过系统的调研和分析，由于缺乏第一手的调查资料，目前湖北省"三支一扶"计划实施效果的信息不全面，导致后期的政策体系完善和优化存在诸多困难。

有鉴于此，在"三支一扶"计划已经实施了两轮的今天，在湖北省全面开展"三支一扶"计划的系统调研和评估，全面掌握"三支一扶"计划的实施情况，了解农村基层机构对人才的现实需求，在此基础上提出"三支一扶"计划实施的相关策略和建议，将为后期的政策优化提供科学的决策依据，对促进湖北省农村基层的发展和建立中部强省，有着重要的现实意义。

二、研究内容

（一）"三支一扶"计划目标与制度衔接的评估

分析"三支一扶"计划的目标与制度设计，对"三支一扶"计划体系的完善程度，以及与其他相关政策制度之间的衔接情况进行评估。

（二）湖北省第二轮"三支一扶"计划实施情况的总体评估

系统调研湖北省"三支一扶"计划的实施现状，对湖北省"三支一扶"计划实施情况进行系统评估，主要包括相关政策制定情况的评估、政策执行情况的评估、政策效果的评估三个方面。发现评估中存在的问题，并提出相关对策建议。

（三）"三支一扶"计划未来的发展趋势判断

运用 SWOT 方法，对"三支一扶"计划进行内外环境和自身优劣势的分析，并结合湖北省实际情况，对未来 5～10 年"三支一扶"计划的总体发展趋势进行分析判断。

三、研究方法

（一）文献搜索与情报分析

采用非结构、非定量的文献法查阅专业杂志期刊、论文集以及网上检索等相关文献资料，对各种文献资料的显性内容进行客观的、系统的定量描述和分析，从而得出我们可以借鉴的经验、观点和成果以及我们的工作可能重点突破的方向。

（二）现场调研方法

根据湖北省“三支一扶”计划执行的现状，选取湖北省的4个“三支一扶”人员比较集中的地区现场调查。

1. 调查对象

①系统层面：调查地区人力资源与社会保障系统、共青团员组织、组织部、高等教育院校。

②机构层面：

省级层面：省人力资源和社会保障厅、共青团员组织分管“西部计划”的部门1处、组织部分管“村官计划”的部门1处、高等教育院校3~5所。

每个市县：人力资源和社会保障部门1处、共青团员组织分管“西部计划”的部门1处、组织部分管“村官计划”的部门1处。

每个市县：“三支一扶”人员的服务机构7~14所，包括农业、水利、卫生、共青团、扶贫办、人力资源和社会保障、残联机构各1~2所。

③个体层面：

样本地区“三支一扶”管理机构相关负责人1~2人；共青团员组织分管“西部计划”的部门负责人1~2人、组织部分管“村官计划”的部门负责人1~2人。

样本地区“三支一扶”人员服务机构：机构高层中管理人员、工作人员，从事“三支一扶”服务的人员。

2. 调查方法

①问卷调查。

调查工具：服务机构基本情况调查表、“三支一扶”人员调查问卷、服务机构中层管理人员调查问卷、服务机构高层管理人员调查问卷、机构工作人员调查问卷。

②半结构化深度访谈。

调查工具：“三支一扶”管理机构负责人访谈提纲、共青团员组织分管“西部计划”的部门负责人访谈提纲、组织部分管“村官计划”的部门负责人访谈提纲、“三支一扶”人员访谈提纲、服务机构中高层管理人员访谈提纲。

③小组访谈。

调查工具：焦点小组访谈提纲。

3. 现场工作的具体要求

现场调查时首先对全部应该填写的表格进行检查，需要进一步询问的问题可继续追问，然后按照访谈提纲进行访谈。本次访谈是半结构化访谈，因此各位调查员可根据实际情况掌握访谈的顺序和问题的具体用词，但必须将全部问题都询问到，不能随便删减，也不能随便更改问题的含义。此外，调查员在进行完调查后，当天晚上要结合录音和访谈记录完成当天访谈内容的初步整理工作，写成当天工作的小结，包括访谈的机构和人员、访谈时间以及访谈的全部内容。

4. 数据质量控制方法

调查表和访谈提纲的设计：为保证测量工具的科学性，调查表设计过程中多次与相关专家讨论，并在正式调研前进行预调研，检验调查表的有效性和可操作性，最终确定调查表和访谈提纲。

调研人员培训：调研人员应熟悉调查目的和意义、指标含义及调查的主要内容，了解可能导致调查质量问题的情况及其避免方法。

建立严格的资料质量检查制度：控制在方案设计、资料收集、整理过程中可能出现的偏倚，如：一致性检查、完整性检查、现场调查数据的质量保证等。

资料的整理遵循标准化、准确性的原则，建立统一数据库，培训资料输入人员实施平行核对原则。采取双机录入，保证数据录入的质量。

5. 调研实施的概况

共发放问卷450份，回收有效问卷450份；网上问卷平台发放问卷920份，回收911份；访谈151人。在系统层面，调研了人力资源和社会保障系统、组织部、团委、业务单位4个系统；机构层面，“三支一扶”协调管理办公室、组织部门、团委有关部门、用人单位等4类部门。调研了武汉、黄冈、孝感、宜昌、恩施五地，访谈人力资源和社会保障部门“三支一扶”办公室有关负责人39人，服务单位有关负责人42人，“三支一扶”服务人员17人，村官计划有关负责人5人，西部计划有关负责人1人，村官计划学生4人，特岗计划人员6人。(详见表1)

表1　**湖北省第二轮“三支一扶”计划实地调研情况**

访谈人员	武汉	黄冈	孝感	宜昌	恩施
“三支一扶”办公室	省人力资源和社会保障厅市场处3人	黄冈市1人 团风县1人 黄州区1人 罗田县1人 浠水县1人	孝感市1人 云梦县1人 大悟县1人 安陆县1人 孝南区1人 汉川1人 应城1人 云梦1人	宜昌市2人 远安县1人 宜都市1人 五峰县1人 长阳县2人 龙舟坪镇2人 枝江市1人 西陵区1人 点军区1人 伍家岗区1人 猇亭区1人 夷陵区1人 当阳市1人	恩施州2人 巴东县1人 咸丰县2人 利川市1人 建始县1人 宣恩县1人
服务单位	——	罗田县5人 浠水县2人	孝南区20人 三岔镇2人	宜昌市1人 龙舟坪镇2人 长阳县5人	咸丰县6人
“三支一扶”学生	——	罗田县5人 浠水县2人	三岔镇1人(支医) 孝南区2人	长阳县4人 龙舟坪镇1人	咸丰县2人

续表

访谈人员	武汉	黄冈	孝感	宜昌	恩施
村官计划负责人	——	——	——	宜昌市 1 人 长阳县 1 人 龙舟坪镇 1 人	恩施州 2 人
村官计划学生	——	——	孝南区 2 人	龙舟坪镇 1 人	恩施州 1 人
西部计划负责人	——	——	——	宜昌市 1 人	——
西部计划学生	——	——	——	——	咸丰县 1 人
特岗计划学生	——	——	——	——	唐崖镇 5 人 千山镇 1 人
小计	3 人	19 人	35 人	34 人	26 人

另外，随机抽取咸宁、荆门等地，电话访谈 18 人。

（三）资料收集方法

资料收集方法主要有：(1) 现有资料收集、统计报表数据收集，从调查地区收集研究所需的正式文件、报表数据、工作报告等相关资料；(2) 调查表和调查问卷的收集；(3) 半结构深度访谈记录；(4) 典型案例研究。

（四）资料分析方法

1. 规范分析方法

结合我国宏观政策，以一定的价值判断为基础，以“三支一扶”计划实施为基础，提出分析和处理基层机构人才队伍建设问题的标准，作为决策的前提和制定政策的依据，探析新时期农村基层机构人才队伍建设的策略。

2. 角色期望分析法

根据角色期望理论，分析农村基层机构对人才的角色期望，以及高校毕业生对"三支一扶"岗位的角色期望，通过确定利益相关者的角色期望，分析农村基层机构人才建设中的主要影响因素。

3. 其他分析方法

运用描述性统计等统计学方法，对目前农村基层机构人力资源建设中存在的问题进行定量和定性分析，通过基层服务政策的实施，构建湖北省农村基层人才建设的良性循环机制，并提出相关政策建议。

四、评估的基本原理与思路

一、概念界定

(一)政策

政策是国家政权机关、政党组织和其他社会政治集团为了实现自己所代表的阶级、阶层的利益与意志，以权威形式标准化地规定在一定的历史时期内，应该达到的奋斗目标、遵循的行动原则、完成的明确任务、实行的工作方式、采取的一般步骤和具体措施。

公共政策过程是由政策制定、政策执行、政策评估和政策终结等阶段构成，政策评估是政策过程不可缺少的重要环节。运用科学的评估方法评估政策绩效，可以为政策决策者提供客观和科学的决策信息，同时也可以验证公共政策是否促进了社会的发展与进步。

(二)评估

评估与评价是不是同一概念，学术界主要有两种不同的观点：第一种观点认为，两者存在着区别，评估是对所做事情的量化，评价是对已量化的评估标准进行判断；第二种观点认为，评估是对方案所做的分析，评价是对效果的判断，它们是计划运行过程中的两个不同环节。总体而言，评估就是依据一定的标准和程序，对政策的效果、效益、效率及公众回应进行判断的一种政治行为，目的在于取得有关这些方面的信息，作为政策变化、政策改进和制定新政策的依据。

本研究的评估对象是“三支一扶”计划，即对“三支一扶”计划相关政策的制定、计划目标完成程度、计划目标的实现效果等方面进行价值判断。

(三)政策评估

关于政策评估的含义，学界主要有以下几种观点：第一种观点认为政策评估是对政策效果进行的评估，即判断这些政策效果与成本是否符合的过程；第二种观点认为政策评估是对政策方案的评估；第三种观点认为政策评估是对政策全过程的评估，既包括对政策方案的评估，也包括对政策执行情况及政策效果的评估；第四种观点认为公共政策评估是发现误差，修正偏差。

本研究认为政策评估定义有广义和狭义之分。广义的政策评估是对政策全过程的评估，即不仅包括对政策方案的评估，也包括对政策执行情况和政策效果的评估。狭义的政策评估是指对政策效果及其价值进行判断。

就本研究而言，“三支一扶”计划的政策评估主要着眼于广义的政策评估，即包括政策的制定、政策的执行和政策效果评估。具体包括政策预定目标的完成程度、政策的非预期影响、与政府行为相关的各种环境的变化、投入政策的直接成本和间接成本、政策所取得的收益与投入成本之间的比率等方面的价值评估。与公共部门评估不同的是，政策评估更侧重从政策目标的角度来进行方法设定、选择和改进。

二、政策评估的基本原理与思路

政策评估实质是一种价值判断，而要进行价值判断，就必须建立相应的价值尺度，即评估标准。它是政策评估者在政策评估过程中对相关政策方案和政策效果进行优劣判断的准则和指导思想。当前学者提出的公共政策评价标准很多，主要集中在对其效益、效率和效果等方面，即学者更关注衡量一项公共政策是否产生了所希望的成果、其投入和产出之间的关系和比率以及该政策对社会发展的影响。

本研究运用定性与定量相结合的方法，将评估重点放在“三支一扶”计划的政策制定、政策实施情况和实施后的效果上。评估的基本思路如下：

表2　　湖北省第二轮“三支一扶”计划评估的基本思路

计划阶段	政策制定	政策执行	政策效果
评估标准	政策目标是否协调？ 政策制定是否合理？ 政策制定是否明确？ 政策衔接情况如何？	招募政策执行情况如何？ 管理政策执行情况如何？ 待遇政策执行情况如何？ 期满政策执行情况如何？	政策的预定目标的实现程度和政策功能的发挥程度
评估内容	政策制定的情况	政策实际落实情况	政策实施后的效果
现实情况说明	与这一阶段的活动或事件、相关的数据资料的描述	数据资料为主	与这一阶段的活动或事件、相关的数据资料的描述
评估	根据内容将现实情况与标准进行比较		

三、评估指标体系

根据以上评估思路，运用二轮德尔菲法进行指标的筛选，最终制定了政策体系、政策执行与政策效果三个纬度的评估目标，制定了政策目标的协调性、政策制定的合理性、政策制定的明确性等17个一级指标，招募政策的合理性、管理政策的合理性、待遇政策的合理性等42个二级指标，招募条件、人员待遇、岗位信息等37个三级指标。(详见表3)

表 3 第二轮"三支一扶"计划评估指标体系

评估项目	一级指标	二级指标	三级指标	指标内涵	评估方法
政策体系的评估	1. 政策目标的协调性	——	——	各政策子目标之间的协调性	利益相关者分析法；调研资料分析
	2. 政策制定的合理性	1)招募政策的合理性	①招募条件 ②招募规模 ③招募方式	招募条件的高低；招募规模是否满足需求；招募方式是否公平公正	不同省份之间的横向比较分析；调研资料分析
		2)管理政策的合理性	④服务年限 ⑤培训组织 ⑥考核制度	服务年限的长短；培训职责的划分；考核制度是否发挥约束激励作用	
		3)待遇政策的合理性	⑦生活补贴标准 ⑧保险办理和补贴发放方式	生活补贴标准的高低与各地差距；补贴发放方式与保险办理方式是否利于政策落实	
		4)期满政策的合理性	——	期满政策是否能促进人员面向基层就业	

续表

评估项目	一级指标	二级指标	三级指标	指标内涵	评估方法
政策体系的评估	3. 政策制定的明确性	5)招募政策的明确度	⑨招募条件 ⑩招募信息 ⑪调剂补录	招募条件表述是否清晰；招募信息是否完整；调剂补录程序是否明确	不同省份之间的横向比较分析；调研资料分析
		6)管理政策的明确度	⑫定期联系 ⑬约束制度 ⑭考核评优 ⑮期满续签 ⑯人员借调 ⑰户口档案流动	定期联系政策是否明确；约束制度是否明确且具有可操作性；考核评优是否制度化；人员借调制度是否清晰；期满户口档案的流动制度是否完善	
		7)待遇政策的明确度	⑱待遇标准 ⑲待遇调整	生活补贴标准是否清晰；待遇是否与事业单位工资同步调整	
		8)期满政策的明确度	——	期满政策的种类和使用条件的明确性	
	4. 政策制定的衔接性	9)内部衔接性 10)外部衔接性	—— ——	政策内部各种制度之间的衔接性 与其他政策之间的衔接性	不同省份之间的横向比较分析；调研资料分析

续表

评估项目	一级指标	二级指标	三级指标	指标内涵	评估方法
政策执行情况的评估	1. 计划指标分配情况	11)指标的地区分布 12)高定薪级市县(区)指标分配	—— ——	计划指标在湖北各地的分布情况 指标分配是否体现了向贫困偏远地区倾斜的原则	
	2. 政策宣传的执行情况	13)在校大学生的政策知晓度	①对“三支一扶”计划的知晓度 ②对优惠政策的知晓度 ③知晓的渠道与时间	在校大学生对“三支一扶”计划的知晓度和认知度；知晓的主要渠道	调研数据与政策目标的对比分析
		14)服务期内“三支一扶”人员的政策知晓度	④“三支一扶”人员报考时的政策知晓程度 ⑤知晓的渠道与时间	在校大学生对“三支一扶”计划的知晓度和认知度；知晓的主要渠道与时间	

续表

评估项目	一级指标	二级指标	三级指标	指标内涵	评估方法
政策执行情况的评估	3. 人员招募情况	15）计划招募指标完成情况	⑥ ——	实际招募人数与计划招募人数之比	
		16）人岗匹配度情况	⑦学历匹配度 ⑧专业匹配度 ⑨能力匹配度	实际招募到的人员学历、专业、能力方面是否与岗位需求相匹配	
		17）人员城乡分布情况	——	人员主要集中在县城还是乡镇	
	4. 人员培训情况	18）培训组织情况	⑩岗前培训情况 ⑪在岗培训情况 ⑫医师见习制度落实情况	岗前培训、在岗培训、医师见习制度是否落实	
		19）培训内容情况	——	培训内容能否满足政策目标	
		20）培训效果情况	——	培训内容是否实现政策目标	
	5. 人员安置情况	21）生活安置情况	——	生活安置是否按照政策落实	
		22）指导帮扶情况	——	“三支一扶”人员是否有专人指导帮扶	

续表

评估项目	一级指标	二级指标	三级指标	指标内涵	评估方法
政策执行情况的评估	6. 人员管理情况	23）定期联系情况	——	管理人员是否定期联系“三支一扶”人员	
		24）日常管理情况	——	“三支一扶”人员的日常管理和文化生活情况	
		25）工作安排情况	⑬工作量情况 ⑭人员借调情况 ⑮人员离岗情况	“三支一扶”人员工作量是否合适，人员借调和离岗情况	
	7. 人员考核情况	26）平时考核情况	——	平时考核是否落实	
		27）年度考核情况	——	年度考核是否落实	
		28）期满考核情况	——	期满考核是否落实	
	8. 待遇落实情况	29）生活补贴的发放情况	⑯生活补贴的发放水平 ⑰生活补贴足额发放情况 ⑱生活补贴发放的及时性	生活补贴的发放水平高低、是否足额和及时	

续表

评估项目	一级指标	二级指标	三级指标	指标内涵	评估方法
政策执行情况的评估	9. 保险落实情况	——	——	是否购买了相关政策中规定保险	
	10. 期满就业政策的执行情况	30）加分类优惠政策的执行情况	——	是否实行加分类优惠政策以及政策执行的程度	
		31）事业单位聘用类优惠政策	——	是否实行事业单位聘用类优惠政策以及政策执行的程度	
		32）公务员招录类优惠政策	——	是否实行公务员招录类优惠政策以及政策执行的程度	
		33）创业类优惠政策	——	是否实行创业类优惠政策以及政策执行的程度	
政策评估效果	1. 缓解就业压力的效果	34）引导面向基层就业观念的效果	——	计划是否引导在校大学生面向基层就业的意愿	调研数据与政策目标的对比分析
		35）缓解全省就业压力的程度	——	招募人数与高校毕业生数量之比	
		36）缓解个体就业压力的效果	——	期满就业率	

续表

评估项目	一级指标	二级指标	三级指标	指标内涵	评估方法
政策评估效果	2. 促进基层人才培养的效果	37）个人实践能力培养的效果	——	个人实践能力是否提高	
		38）基层单位人才储备的效果	——	为基层单位提供更多人才甄别的机会	
	3. 促进基层事业发展的效果	39）独立当班情况	——	在基层单位独当一面的情况	
		40）开展新业务方面	——	为基层单位带去新理念和技术的能力	
		41）提升基层服务能力方面	——	促进基层服务能力提升	
		42）人力资源补充的持续性方面	——	人力资源补充的持续性对基层事业发展的影响	

第二章　湖北省“三支一扶”计划的基本概况

一、“三支一扶”计划的基本情况

推行高校毕业生到农村基层从事支教、支农、支医和扶贫(以下简称“三支一扶”)工作，是党中央、国务院为协调解决高校毕业生在城市的就业压力，与基层人才资源极度匮乏的人才分配不均衡问题所作出的一项重大决策。“三支一扶”计划的出台旨在引导和鼓励高校毕业生到西部去、到基层去、到祖国最需要的地方去经受锻炼，成长成才，为缓解高校毕业生就业压力，促进农村基层教育、农业、卫生、扶贫等社会事业的发展，建设社会主义新农村和构建社会主义和谐社会做出贡献。

“三支一扶”计划实施始于2006年，为发挥“三支一扶”计划引导和鼓励高校毕业生面向基层就业，并向农村贫困地区输送受过高等教育的急需人才的重要作用，十年来，国务院和中组部、人力资源和社会保障部、教育部、财政部、农业部、卫生部、国务院扶贫办、共青团中央等部委围绕“三支一扶”高校毕业生的招募、选派、管理、服务和生活待遇、社会保险、就业促进、服务证书的发放等方面，先后制定了一系列政策文件。

2006年中组部、人事部、教育部、财政部、农业部、卫生部、国务院扶贫办、团中央八个部门联合下发《关于组织开展高校毕业生到农村基层从事支教、支农、支医和扶贫工作的通知》(国人部发〔2006〕16号)，文件规定从2006年开始连续5年，以公开招募、自愿报名、组织选拔、统一派遣的方式，每年招募2万名高校毕业生，主要安排到乡镇从事支教、支农、支医和扶贫工作，服务期限一般为2~3年。随后国人厅出台的38号文件拟定了具体的“三支一扶”计划实施方案，对“三支一扶”计划的工作内容、宣传动员、组织招募、服务管理、培训考核等进行了详细规定。

2008年人力资源和社会保障部办公厅出台了《关于切实做好2008年服务期满“三支一扶”大学生就业服务工作的通知》和《关于做好〈高校毕业生“三支一扶”服务证书〉发放管理工作的通知》等，详细规定了期满人员的就业安置和《服务证书》的发放工作，为期满人员就业安置和享受期满优惠政策提供了重要依据。2009年为督促和确保“三支一扶”学生的工资待遇落实情况，财政部、人力资源和社会保障部颁布了《高校毕业生“三支一扶”计划中央补助专项经费管理办法》。2010年“三支一扶”计划被纳入了国家中长期人才发展规划纲要(2010—2020年)。

到2011年，中组部、人力资源和社会保障部、教育部等八部门出台了《关于继续做好高校毕业生“三支一扶”计划实施工作的通知》(人力资源和社会保障部发〔2011〕27号)，标志着第二轮“三支一扶”计划正式全面启动。

二、湖北省“三支一扶”计划的政策演变

自2006年“三支一扶”计划正式启动以来，湖北省根据政策开展与落实情况，结合省情与基层需求，在计划实施中不断调整政策内容，对政策内容、招募条件、服务年限、待遇经费、保险和期满优惠政策等都进行了部分调整。表4反映了近十年来湖北省“三支一扶”计划的政策内容变化情况。

(一)服务岗位范围扩展

根据中组部、人事部、教育部等部门《关于组织开展高校毕业生到农村基层从事支教、支农、支医和扶贫工作的通知》(国人部发〔2006〕16号)文件要求，“三支一扶”计划主要包括支医、支教、支农和扶贫四大政策。后根据基层人才政策的实际操作需要，湖北

表 4 湖北省“三支一扶”计划的政策演变表

	2006 年	2007 年	2008 年	2010 年	2011 年	2012 年及以后
政策内容	支医、支教、支农、扶贫	共青团“志愿者”服务政策、2006 年“农村教师资助行动计划”和“农村教师特设岗位”政策纳入“三支一扶”计划	支医、支教(包括“特岗”和“教资”计划)、支农、扶贫、西部计划志愿者、青年事务		支教、支农、支医、扶贫、基层计生、青年事务、基层人力资源和社会保障	支农、支医、扶贫和青年事务、基层计生、基层人力资源和社会保障，支教单列
招募条件	本省生源本科及以上学历应届毕业生与上一年的本科以上毕业生	“支医”“支农”可放宽到 2005 年的普通高校本科及硕士以上毕业生；若省内生源不足，可适当选招外省生源	对支农、支医政策的专业限制进一步加强		应届毕业生和毕业 2 年内的普通高校本科以上学历；边远艰苦地区、特殊岗位经批准可适当放宽到普通高校专科毕业生	
服务年限	3 年	3 年	3 年	3 年	3 年	2 年

续表

	2006 年	2007 年	2008 年	2010 年	2011 年	2012 年及以后
待遇经费	省财政每人每年 1 万元专项补贴（包括年度考核合格奖励 5000 元），每年 400 元交通补贴			中央财政和省财政分别每人每年补贴 1 万元（包括省财政的年度考核奖 5000 元）		2013 年中央财政补贴调整到每人每年 1.5 万元，省财政每人每年 1 万元（包括年度考核合格奖励 5000 元）
保险	人身意外伤害保险和基本医疗保险			增加了养老、医疗、工伤保险三项社会保险		基本养老、基本医疗、工伤、失业和生育五项社会保险，大额医疗保险和人身意外伤害保险
期满优惠	考核直接聘用、报考事业单位加分、考研加分、自主创业优惠等			优先聘用、直接聘用和签订合同；定向招聘、笔试加分；考研加分、保留学籍；自主创业和择业		

省于2007年将共青团"志愿者"服务政策、2006年"农村教师资助行动计划"和"农村教师特设岗位"政策都纳入了"三支一扶"计划。到2011年第二轮"三支一扶"计划开始实施，湖北省"三支一扶"计划的政策与岗位发生了新的调整：服务岗位调整到包括支农、支医、扶贫、基层计生、青年事务、基层人力资源和社会保障等基层岗位；支教政策于2012年实行单列，由教育部统一管理。

(二)招募条件不断放宽

自2006年湖北省"三支一扶"计划的政策制定以来，湖北省根据"三支一扶"人员实际招募情况和基层需求情况，对"三支一扶"人员的生源地、毕业年限、学历、专业等不断进行调整完善。首先，"三支一扶"报名人员的生源要求从仅限省内生源转变到逐渐放宽生源地限制，实现了人才的跨省、跨区域流动。其次，放宽了对"三支一扶"人员毕业年限的限制。到2012年，凡是高校本科及以上学历应届毕业生，毕业2年内的普通高校本科以上学历往届毕业生都可以报名参加"三支一扶"计划，进一步扩展了报名范围。再次，部分岗位逐渐放宽学历限制。如参加支医政策的人员培养难度大、周期长，本科以上学历的人才招募困难，2010年《省"三支一扶"工作领导小组会议纪要》提出，自2010年开始在支农、扶贫、计生和青年事务综合岗位中选招部分大专毕业生。到2012年有关政策也明确规定当"边远艰苦地区、特殊岗位生源不足时，经批准可适当放宽到普通高校专科毕业生"。最后，专业性要求高的岗位招募不断加强专业限制。对支医、支农重点需求专业的招募加大管理控制，力求招募专业与岗位相匹配的人才服务基层。

(三)服务期限缩短

湖北省"三支一扶"人员服务期限自2006—2011年均为3年，这是支教政策和基层用人的需求。为与国家相关政策保持一致，并便于落实人员期满管理工作，湖北省以2012年支教政策单列为契机，将"三支一扶"计划的服务期限正式改为2年。

（四）中央财政补助增加

根据省委组织部、省人事厅、省教育厅等部门《关于组织开展高校毕业生到农村基层从事“三支一扶”工作的实施意见》（鄂人〔2006〕16号）的规定，“三支一扶”人员工作期间生活补贴的标准按国家规定的事业单位新录聘用人员的工资标准和增资办法执行，按月发放；每人每年发给400元的交通补贴；省财政每人每年1万元专项补贴（包括年度考核合格奖励5000元），其余部分由县（市、区）财政承担。从2010年起，按照《高校毕业生“三支一扶”计划中央补助专项经费管理办法》（财行〔2009〕494号）的规定，“三支一扶”大学生参照用人单位所在地区乡镇机关从高校毕业生中新录用公务员、事业单位从高校毕业生中新聘用工作人员试用期满后的工资水平确定标准。“三支一扶”计划所需经费由中央财政和地方各级财政共同负担，其中中央财政和省财政的经费补贴标准分别为每人每年1万元。到2013年，中央财政补贴调整到每人每年补贴1.5万元，省财政补贴标准仍保持在每人每年1万元。

（五）保险范围扩大到五险

2006年至2009年，湖北省各县（市、区）按要求应为“三支一扶”人员办理人身意外伤害保险和基本医疗保险。2010年，“三支一扶”人员的保险增加了养老、医疗、工伤保险三项社会保险，所需费用除个人应缴部分外，其余部分由县（市、区）财政承担。到2012年根据《湖北省“三支一扶”工作管理办法（试行）》的要求，“三支一扶”人员按当地城镇职工参保办法办理基本养老、基本医疗、工伤、失业和生育五项社会保险，以及大额医疗保险和人身意外伤害保险。

（六）期满优惠政策不断明确

根据鄂人〔2006〕16号文件的规定，“三支一扶”人员服务期满可享受的优惠待遇包括：期满考核直接聘用政策、报考事业单位加分政策、考研究生加分政策、自主创业政策等。经过不断调整完善，2010年鄂人社发〔2010〕36号文件对服务期满考核合格的“三支一扶”人员可享受的期满优惠政策进行了明确规定，主要包括：第一，职位空缺或有相对应的自然减员需补充人员时，原服务单位(以及所在县、市、区范围内事业单位)要实行优先聘用；县、乡各类事业单位应通过人力资源和社会保障部门考核直接聘用；在事业单位服务满一年后经考核合格可与所在单位签订不少于三年的聘用合同。第二，事业单位公开招聘时，应针对“三支一扶”人员采取定向招聘或笔试加分的办法予以政策倾斜。定向招聘的比例应不低于40%，综合科目笔试成绩总分增加5分。第三，服务期满三年内报考硕士研究生初试总分加10分，录取为研究生的可保留学籍3年。第四，支持“三支一扶”高校毕业生自主创业和自主择业。

三、湖北省第二轮“三支一扶”计划的实施概况

(一)组织管理情况

湖北省在省、市、县三级均成立了由人力资源和社会保障部门、组织部门等九个部门参与的“三支一扶”工作领导小组，负责“三支一扶”计划的统筹规划、协调指导，办公室设在人力资源和社会保障部门。按照“统一领导、分类指导、分级负责、属地管理”的原则，逐步建立了职责明确、任务具体、层层负责的工作机制，形成了党政统揽、人力资源和社会保障主抓、部门配合、齐抓共管的工作模式和组织保障体系。各地市(州)结合当地实际情况，先后建立了符合当地特点的协调管理机制，如孝感市先后建立了“联席会议制度”“领导联系制度”“定期慰问制度”“检查督办制度”等制度。在各级部门、服务单位的配合下，形成了纵横有序的组织管理网络，使“三支一扶”计划的管理工作不断改进。

(二)配套政策情况

为保障“三支一扶”计划的顺利实施，湖北省在鄂人社发〔2010〕36号文件的基础上相继出台了一系列配套政策，对各相关

工作细节进行明确和指导。如2011年下发的鄂人社函614号文件对“三支一扶”高校毕业生服务期间离岗后工龄计算问题进行了回复；2012年制定了《湖北省“三支一扶”工作管理办法(试行)》(鄂人社规〔2012〕3号)，该文件对“三支一扶”计划实施的组织机构、招募选派、日常管理、考核奖惩和经费保障等各个环节制定了全面系统的管理规定，成为近年来湖北省“三支一扶”计划实施的大纲性指导办法，实现了湖北省“三支一扶”计划管理工作的制度化和规范化。

同时，各地也结合当地实际情况，制定了符合当地特点的“三支一扶”配套政策，如宜昌市人力资源和社会保障局会同组织部、编办出台了宜人社发〔2014〕15号文件，明确了“在本地服务的‘三支一扶’高校毕业生服务期满后，在编制空缺情况下，经考核合格，可直接将其招聘为事业单位正式工作人员，并与所在单位签订不少于五年的聘用合同”。不断完善的配套政策体系为“三支一扶”计划的管理工作奠定了坚实的制度基础。

(三)人员选派情况

2011—2015年，湖北省坚持“公开、平等、竞争、择优”的原则，每年计划招募1000多名(2012年湖北省对农村教师实行“统招统派”，暂停选派支教生)高校毕业生选派到基层，服务领域由支教、支农、支医、扶贫逐步拓展到计生、青年事务、水利、人力资源和社会保障及残联等7个基层事业，累计选派了6739名高校毕业生到基层从事“三支一扶”服务。

当前服务期累计选派支教人员1027人(占15.23%)，支农人员1236人(占18.34%)，支医人员876人(占12.99%)，扶贫人员732人(占10.86%)，水利人员340人(占5.04%)，就业和社会保障服务平台人员1744人(占25.87%)，其他人员784人(占63%)。从表5可以看出，就业和社会保障平台岗位所占比例最大，且近年来招募人数逐年上升，而支医项目招募人数在2011—2013年有一定程度的增长之后，开始逐年下降。

表 5 湖北省 2011—2015 年"三支一扶"各服务岗位招募人数表

年份	招募人数	服务类型					就业和社会保障服务平台	其他
		支教	支农	支医	扶贫	水利		
总计	6739	1027	1236	876	732	340	1744	784
2011 年	1850	1027	212	145	124		164	178
2012 年	1145		276	165	144		382	178
2013 年	1250		246	224	133	112	371	164
2014 年	1244		256	194	180	104	413	97
2015 年	1250		246	148	151	124	414	167

人员结构方面，女生人数略多于男生；以团员为主，共占 66%；党员所占比例为 22%。在学历结构方面，本科生所占比例最高，约为 70%；其次是专科生，占总数的 28%；参加""三支一扶"计划的硕士生及以上的人员较少，仅占 2%左右。(如表 6 所示)

表 6 湖北省 2011—2015 年"三支一扶"招募人员结构

年份	性别		政治面貌			学历		
	男	女	党员	团员	其他	研究生及以上	大学本科	大学专科
总计	2837	3902	1502	4453	784	155	4723	1861
2011 年	765	1085	462	1099	289	62	1331	457
2012 年	481	664	207	788	150	18	789	338
2013 年	554	696	337	901	12	35	893	322
2014 年	530	714	264	928	52	21	798	425
2015 年	507	743	232	737	281	19	912	319

(四)经费保障情况

湖北省属于中部地区，自 2013 年起，中央财政按照每人每年

1.5万元的标准拨付补助，省财政按照每人每年1万元的标准拨付补助(其中5000元为年底考核合格奖金)，其余不足部分由地方财政承担。第二轮“三支一扶”计划中，中央财政总投入为14655万元，省财政总投入22889.7万元，中央和省级财政投入比为2∶3。

但是，在近五年财政投入的变化趋势方面，中央财政投入呈一定程度的上升趋势(尤其是2013年将中央补贴标准提高到每人每年1.5万元以后)，但湖北省的财政投入却从2013年的7756.5万元下降到了2015年的2618万元，呈明显下降趋势，同期招募人数却是缓慢增长趋势，提示近五年省级财政投入力度在减弱。(如表7所示)

表7　**2011—2015年湖北省“三支一扶”计划的财政投入和生活补贴标准**

年份(年)	招募人数(人)	财政投入(万元)			工作生活补贴标准(每人每年/万元)
		中央财政	省级财政	合计	
总计	6739	14655	22889.7	37544.7	
2011	1850	2058	3996.2	6054.2	2
2012	1145	2106	3921	6027	2
2013	1250	3078	7756.5	10834.5	2.5
2014	1244	3632	4598	8230	2.5
2015	1250	3781	2618	6399	2.5

从总体选派情况来看，湖北省“三支一扶”计划实施顺利，对推动高校毕业生面向基层就业、完善基层人才队伍建设、促进基层农村发展发挥了积极的作用。

第三章　湖北省“三支一扶”政策体系的评估

政策体系是指不同政策单元之间和同一政策内部不同要素之间的关联性及其与社会环境相互作用而形成的系统。就“三支一扶”计划的政策体系而言，主要包括招募政策、管理政策、服务期内待遇政策、期满优惠政策四个政策单元。其中，招募政策包括招募条件、招募程序；管理政策包括培训帮扶、定期联系、年度考核等；服务期内待遇政策包括生活补贴、保险险种等；期满优惠政策包括事业单位招考加分、公务员定向招录、空岗优先聘用等。

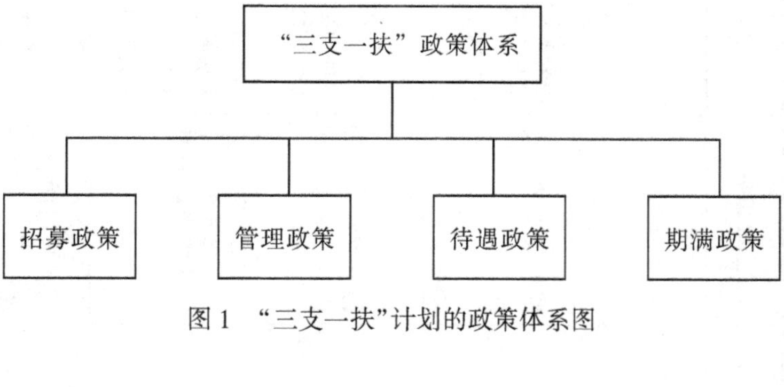

图 1　“三支一扶”计划的政策体系图

本研究从政策制定的协调性、合理性、明确度、衔接性四个方面对湖北省“三支一扶”政策体系进行评估，具体评估指标体系如表 8 所示：

表 8　“三支一扶”政策制定的评估指标体系

评估项目	一级指标	二级指标	三级指标	指标内涵	评估方法
政策制定	政策目标的协调性	——	——	各政策子目标之间的协调性	利益相关者分析法；调研资料分析
	政策制定的合理性	招募政策的合理性	招募条件 招募规模 招募方式	招募条件的高低；招募规模是否满足需求；招募方式是否公平公正	不同省份之间的横向比较分析；调研资料分析
		管理政策的合理性	服务年限 培训组织 考核制度	服务年限的长短；培训职责的划分；考核制度是否发挥约束激励作用	
		待遇政策的合理性	生活补贴标准 保险办理和补贴发放方式	生活补贴标准的高低与各地差距；补贴发放方式与保险办理方式是否利于政策落实	
		期满政策的合理性	——	期满政策是否能促进人员面向基层就业	

续表

评估项目	一级指标	二级指标	三级指标	指标内涵	评估方法
政策制定	政策制定的合理性	招募政策的明确度	招募条件 招募信息 调剂补录	招募条件表述是否清晰；招募信息是否完整，调剂补录程序是否明确	不同省份之间的横向比较分析；调研资料分析
		管理政策的明确度	定期联系 约束制度 考核评优 期满续签 人员借调 户口档案流动	定期联系政策是否明确；约束制度是否明确且具有可操作性；考核评优是否制度化；人员借调制度是否清晰；期满户口档案的流动制度是否完善	
		待遇政策的明确度	待遇标准 待遇调整	生活补贴标准是否清晰；待遇是否与事业单位工资同步调整	
		期满政策的明确度	——	期满政策的种类和使用条件的明确性	
	政策制定的衔接性	内部衔接性	——	政策内部各种制度之间的衔接性	不同省份之间的横向比较分析；调研资料分析
		外部衔接性	——	与其他政策之间的衔接性	

一、政策目标的协调性评估

(一)政策子目标的分析

“三支一扶”计划是党中央、国务院推动人才强省、构建中部支点、促进跨越发展的重要决策，也是湖北省积极引导大学生面向基层就业，促进基层社会事业发展，提升基层服务能力的重大举措。广大优秀高校毕业生，需要施展拳脚、服务社会的机会；落后基层的经济社会发展，需要人才去推动和实现。因此，如何将人才引入基层，既是缓解高校毕业生就业压力大的重要途径，也是补充基层人力资源匮乏的迫切之举。

从2006年开始，湖北省陆续出台了一系列政策，其中主要有《关于组织开展高校毕业生到农村基层从事支教、支农、支医和扶贫工作的通知》，规定从2006年起连续5年，每年招募2万名高校毕业生，主要安排到乡镇从事支农、支教、支农、支医和扶贫工作(简称“三支一扶”)，服务期限为2年。2008年出台《关于切实做好2008年服务期满“三支一扶”大学生就业服务工作的通知》，开始重点解决“三支一扶”大学生服务期满后的就业出路问题。同年，印发《湖北省2008年度“三支一扶”计划实施方案》，增加基层水利、基层人社和青年事务服务政策。2010年，因支教人数众多，将其单列。2014年，将残联纳入服务范围，至此，“三支一扶”计划成为包含7个基层服务政策的人才招募计划，为基层输送了大量优秀人才。

通过解读2006年《关于组织开展高校毕业生到农村基层从事支教、支农、支医和扶贫工作的通知》可知，国家鼓励高校毕业生到基层参加“三支一扶”计划的指导思想主要有两点：一是引导和鼓励高校毕业生到西部去、到基层去、到祖国最需要的地方去，经受锻炼，健康成长；二是为促进农村基层教育、农业、卫生、扶贫等社会事业的发展，建设社会主义新农村和构建社会主义和谐社会做出贡献。

结合《国务院办公厅关于加强普通高等学校毕业生就业工作的

通知》国办发〔2009〕3 号和《湖北省中长期人才发展规划纲要（2010—2020）》摘要，本书将“三支一扶”计划的政策目标归纳为以下三点：

① 引导高校毕业生面向基层，缓解高校毕业生就业压力；

② 锻炼高校毕业生的实际能力，促进基层人才的培养；

③ 补充农村基层人力资源，提升农村基层机关事业单位服务能力。

（二）政策子目标之间的协调性分析

从公共政策分析的角度看，以上三个政策子目标同时具有一定的协同性和冲突性。协同性主要表现为把高校毕业生引导到基层既缓解了就业压力，同时也为高校毕业生提供了实践能力培养的平台，为基层单位提供了考察人才的机会，并在一定程度上缓解了基层人力匮乏的矛盾，有利于基层事业的发展。

但是，三个不同的政策子目标在实施时也具有一定的冲突性，冲突性主要表现为不同子目标在总目标中的权重比较模糊，子目标实现的优先顺序不明确，导致政策目标中子目标之间的协调性存在一定问题。调研资料显示，不同的利益相关者对目标的优先解决顺序看法不一，在一定程度上影响了“三支一扶”计划的实施。如表 9 所示：

表 9　**不同利益相关者对政策优先子目标的认识**

	省级人力资源和社会保障部门相关负责人	市级人力资源和社会保障部门相关负责人	县级人力资源和社会保障部门相关负责人	用人单位相关负责人	“三支一扶”服务人员
优先子目标	缓解就业压力	促进基层发展	促进基层发展	促进基层发展	缓解就业压力
次重要子目标	促进人才培养	促进人才培养	促进人才培养	促进人才培养	促进人才培养
最次子目标	促进基层发展	缓解就业压力	缓解就业压力	缓解就业压力	促进基层发展

省级人力资源和社会保障部门相关负责人的看法：认为缓解就业压力是“三支一扶”计划的初衷，也是该计划政策目标中优先解决的子目标，人才培养和促进基层发展是次重要目标。

市级人力资源和社会保障部门相关负责人的看法：大部分人认为促进基层发展是优先解决的子目标，其次是人才培养，最次是缓解就业压力。

县级人力资源和社会保障部门相关负责人的看法：基本都认为促进基层发展是优先解决的子目标，其次是人才培养，最次是缓解就业压力。

用人单位相关负责人的看法：认为促进基层发展是优先解决的子目标，其次是人才培养，最次是缓解就业压力。

“三支一扶”计划人员的看法：认为缓解就业压力、人才培养是该计划政策目标中优先解决的子目标，促进基层发展是次重要目标。

由于不同利益相关者的利益诉求不同，对政策子目标优先顺序的理解不一，在“三支一扶”计划的实施中可能引起政策子目标之间的不协调。如 2 年的服务期限有利于“缓解就业压力”子目标的实现，却不利于基层人才的培养和基层事业的发展。期满保障编制有利于促进基层发展和人才培养，但同时也会降低人的积极性。另外，也会造成与事业单位招考政策之间的公平性问题，因为“三支一扶”计划目前在湖北省不需要笔试和面试，但是事业单位招考需要，不同的入口相同的出口，可能会引起对公平性的质疑。

二、政策制定的合理性评估

本书将以部分省(市)公布的 2015 年“三支一扶”计划招募公告和出台的“三支一扶”工作管理办法为依据，对湖北省与部分其他省份的“三支一扶”政策进行横向比较，从而对湖北省“三支一扶”政策制定的合理性和明确度进行评估。为了保证评估的科学性和合理性，本书将选择与湖北省 GDP 水平相当，或具有代表性的省份作为对比研究的对象。表 10 是对湖北省“三支一扶”计划的相关政策体系内容的梳理，尤其是《湖北省“三支一扶”工作管理办法(试行)》(鄂人社规〔2012〕3号)。

表10　　湖北省“三支一扶”计划的政策内容

	政策体系内容	
招募政策	招募条件	普通高校本科及以上学历应届或毕业2年内的毕业生(边远艰苦地区、特殊岗位生源不足时，经批准可适当放宽到普通高校专科毕业生)
	招募程序	每年年底前申报岗位需求 每年4月底前，省“三支一扶”办下发通知并发布公告，进行宣传 报名推荐和资格审查 每年6月份省统一组织双向选择(或考试考核) 每年7月份，由省统一组织岗前培训与体检 每年7月底前，选派到岗
管理政策	服务年限	服务期为2年，自选派当年7月份报到时起，服务期限计算工龄。期满后原则上不续签
	人员安置	服务单位的职责包括落实服务岗位，并提供必要的工作和生活条件
	培训帮扶	服务单位的职责包括明确专人对“三支一扶”高校毕业生进行传帮带，并根据其服务岗位和素质提高的需要统筹安排在岗培训
	定期联系	无明确规定
	考核奖惩	考核办法参照《事业单位工作人员考核暂行规定》执行。考核内容包括德、能、勤、绩四个方面。考核结果分为优秀、合格、不合格三个等次。优秀等次比例控制在参加考核人数的25%以内；年度考核合格等次以上者，每人每年给予5000元的奖励，直接发放给本人；考核不合格者，提前解除服务关系
	其他政策	户口档案的管理、支医见习制度、不得借用的规定、服务岗位的调整、请假制度、服务关系的终止、服务人员的意见反馈、服务人员身体出现重大疾病的处理、评选表彰、违纪违法处理、意见反馈等

续表

	政策体系内容	
服务期间待遇政策	生活补贴	生活补贴标准参照当地乡镇事业单位从高校毕业生中新聘用工作人员试用期满后工资收入水平的标准确定(到37个国定、省定扶贫开发重点县与国务院明确的比照西部大开发有关政策的县、市，以及到其他乡镇基层服务的，可按国家和湖北省有关规定高定薪级工资一至两级)，从报到当月开始由服务单位会同县(市、区)级人社、财政部门按月发放，补贴标准未按程序核定前，应由服务单位先行垫支必要的生活费用
	保险	按当地城镇职工参保办法办理基本养老、基本医疗、工伤、失业和生育五项社会保险；每人每年发放交通补贴400元并办理大额医疗保险和人身意外伤害保险。除个人应缴的社会保险部分外，其余所需经费由所在县(市、区)财政负担
期满优惠政策	事业单位吸纳	原服务单位(以及所在县、市、区范围内事业单位)有职位空缺或有相对应的自然减员需补充人员时，要优先聘用服务期满考核合格的“三支一扶”高校毕业生 县、乡各类事业单位，有岗位空缺需补充人员时，也应拿出一定岗位通过人力资源和社会保障部门考核直接聘用这部分毕业生 在事业单位服务的“三支一扶”高校毕业生服务满一年后，在现岗位空缺情况下，经考核合格，可与所在单位签订不少于三年的聘用合同
	定向招录和加分	各地县以上相关事业单位公开招聘工作人员时，对“三支一扶”服务期满2年且考核合格的高校毕业生，可采取定向招聘或笔试加分的办法予以政策倾斜；定向招聘比例应不低于40%，综合科目笔试成绩总分增加5分，定向招聘和加分优惠措施不同时实行 考试录用公务员时，将拿出部分职位定向招录“三支一扶”服务期满考核合格的高校毕业生
	其他优惠政策	鼓励高校毕业生在“三支一扶”服务期满后在基层就业，支持自主创业，扶助自主择业，自主创业的可享受高校毕业生创业优惠政策 “三支一扶”高校毕业生服务期满后3年内报考硕士研究生的，初试总分加10分，同等条件下优先录取

对湖北省“三支一扶”计划的政策内容梳理分析可以看出，部分“三支一扶”政策如招募程序、户口档案的管理、支医见习制度、不得借用的规定、服务岗位的调整、请假制度、服务关系的终止、服务人员的意见反馈、服务人员身体出现重大疾病的处理、评选表彰、违纪违法处理和期满优惠政策等相关政策规定都比较合理，较为全面、完整地涵盖和规范了“三支一扶”服务人员及相关管理人员的行为。

另外，因各省地理条件、经济发展水平、基层人力资源情况等方面的不同，在“三支一扶”计划的政策制定上存在细节性差异，通过不同省份之间的对比分析，发现湖北省“三支一扶”计划中部分政策的合理性有待商榷。

（一）招募政策的合理性

1. 招募条件的合理性

根据部分省（市）发布的“三支一扶”招募公告和制定的“三支一扶”工作管理办法中对招募政策的规定，各省对“三支一扶”人员的招募条件，包括学历、服务岗位、专业等都做了较为详细的规定。以2015年各省“三支一扶”计划招募公告为依据，表11是对2015年部分省（市）招募“三支一扶”人员条件的横向对比。

表11　**部分省（市）招募“三支一扶”人员的招募条件与岗位要求比较（2015年）**

省份	“三支一扶”人员招募条件与岗位要求	
湖北省	招募条件	2015年普通高校本科及以上学历应届毕业生（边远艰苦地区、特殊岗位生源不足时，可经批准适当放宽到普通高校应届专科毕业生或2013届、2014届本科及以上学历普通高校毕业生）
	服务岗位	公益性支农服务、支医和基层计生服务、扶贫开发、农村文化和贫困村整村推进等专项服务、青年事务综合服务、人力资源和社会保障综合服务、基层水利服务、残疾人康复服务。服务期限2年，原则上不得续签

续表

省份	“三支一扶”人员招募条件与岗位要求	
吉林省	招募条件	全日制普通高校 2015 届大专及以上学历毕业生。其中，报考支医类岗位的考生可放宽为 2011 届、2012 届、2013 届、2014 届、2015 届毕业生
	岗位条件	报考支教岗位的考生应为师范院校的师范专业毕业生，或具有教师资格证书的非师范专业毕业生；报考支医岗位的考生应为医学院校的医学类专业，并具有相应的医师资格证书。服务期限 2 年
河南省	招募条件	普通高等院校 2014 年离校未就业的毕业生、2015 年应届毕业生(含专科生、本科生和研究生)
	岗位条件	支教岗位须是师范类专业或已取得教师资格证的非师范类专业高校毕业生；支医岗位须是医疗卫生类专业高校毕业生；支农岗位须是农林牧类专业高校毕业生；水利岗位须是水利专业高校毕业生；扶贫、社会保障基层服务岗位不受专业限制。服务期限 2 年
重庆市	招募条件	都市功能核心区和都市功能拓展区应招募全日制普通高校本科及以上学历毕业生；除此以外的应是全日制普通高校 2015 年应届专科及以上学历毕业生或往届本科及以上学历毕业生(乡镇医疗卫生机构岗位可放宽到全日制普通高校往届专科学历毕业生) 2012 年以来参加团中央“志愿服务西部计划”，现仍在我市基层岗位服务的全日制普通高校专科及以上学历毕业生，可报考相应岗位 机关、事业单位在职人员(含试用期人员)，2013 年、2014 年通过“三支一扶”计划招募到基层，现仍在岗服务的大学生，不列入招募范围
	服务岗位	附有“三支一扶”岗位需求表。服务期限为 2 年，服务期满后不再留岗延续

续表

省份	"三支一扶"人员招募条件与岗位要求	
安徽省	招募条件	本省范围内30周岁以下(1984年5月1日以后出生)全日制普通高校专科及以上学历应届或毕业两年内尚未就业的毕业生，以及尚在劳动合同期内的基层特定岗位人员
	服务岗位	支教、支农、支医和扶贫服务。服务期限2年
江西省	招募条件	30周岁以下的江西生源的全日制大专及以上学历普通高校毕业生。30周岁以下是指1985年5月(含)以后出生，江西生源是指在江西参加高考的高校毕业生
	岗位条件	支教岗位须是已取得相应层次和相应学科教师资格证的高校毕业生；支医岗位须是医疗卫生类专业高校毕业生。服务期限2年

对比分析发现，湖北省的"三支一扶"招募条件中主要强调三点：普通高校、本科和应届(边远艰苦地区、特殊岗位生源不足时例外)，说明政策目标人群主要是普通高校的应届本科毕业生。在招募范围上，湖北省目前没有将其他基层服务项目纳入"三支一扶"的招募范围。在招募条件上，湖北省的招募条件偏高。如表中所示的六个省份中，均未要求同时满足普通高校、本科和应届三个条件，但考虑到湖北是一个人口大省和教育大省，每年高校毕业生数量较为充裕，从2015年的招募计划完成情况来看，除部分紧缺专业没有完成招募计划外，其他大部分岗位都较好地完成了招募计划。因此，虽然湖北省的招募条件中的学历与其他省份相比偏高，但结合湖北省的实际情况来看，有一定的合理性。

2. 招募规模的合理性

首先，在招募总数方面，自第二轮"三支一扶"计划开展以来，湖北省"三支一扶"计划的人员招募规模在全国范围内处于较高水平。2011—2015年间，湖北省共计划招募"三支一扶"高校毕业生

8840 名，若按照国家每年计划招募 2 万名“三支一扶”高校毕业生来看，湖北省 2011 至 2015 年期间计划招募的“三支一扶”高校毕业生约占国家总体计划招募的 9%左右(见图 2)，所占比例较高。

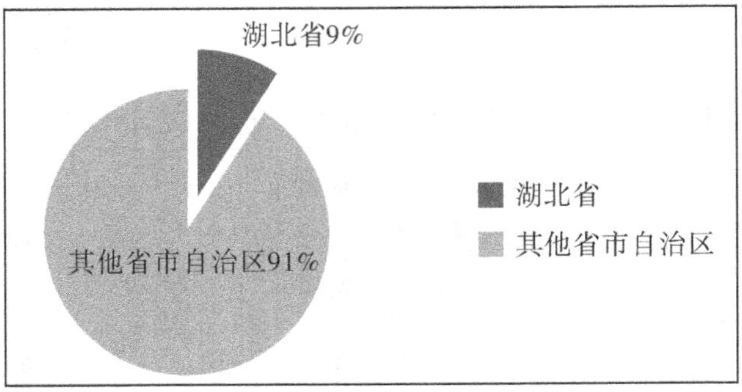

图 2　湖北省“三支一扶”计划招募的人数占国家总计划招的比例(2011—2015 年)

其次，与全国其他 31 个省市(自治区)相比，湖北省 2011—2015 年“三支一扶”计划历年招募人数处于中上等水平，且招募人数较为稳定。如表 12 所示，从总体人数上来看，江西、四川、湖北历年招募人数较多，而吉林、西藏和江苏等省(区)的计划招募人数则较少。从招募人数的发展趋势来看，河南、河北和安徽三省五年来招募人数稳定，几乎没有变动；吉林、山东、江苏、江西、四川和西藏等省(区)招募人数都略有下降；而湖北省的招募人数稳定并略增。

表 12　**湖北省第二轮“三支一扶”计划招募人数与其他省份的对比**

省份	湖北	吉林	河南	河北	山东	安徽	江苏	江西	四川	西藏
2011	4000	380	800	1000	2192	1000	900	1800	1300	500
2012	1150	350	800	1000	2475	1000	500	2200	1400	300
2013	1200	300	800	1000	2238	1000	500	2500	1423	200
2014	1240	150	800	1000	2183	1000	500	2547	1650	50
2015	1250	225	800	1000	1941	1061	400	2000	1207	无数据

但是，与每年庞大的高校毕业生数量相比，湖北省“三支一扶”计划的招募规模明显偏小。湖北省现有高校141所，是我国科技和教育较为发达的省份，同时也是一个就业压力较大的省份，2014年高校应届毕业生达到43万，就业形势相当严峻。在此背景下，虽然湖北省“三支一扶”计划的指标总数在全国排名前三，但相对于庞大的就业大军来说，目前的招募规模只能说在国家层面的比例是合理的，从整体的就业压力来看，目前的招募规模还远远不能满足需求。

3. 招募方式的合理性

湖北省“三支一扶”人员的招募方式以“资格审查+双向选择会”模式为主。高校毕业生通过网络、现场等组织方式自愿报名后，由服务所在市级“三支一扶”办公室进行资格审查。而双向选择会是指每年6月份省统一组织县级“三支一扶”办(服务单位)与符合招募条件的高校毕业生以面试的形式进行双向选择，确定“拟招募”对象。只有当报名人数与招募计划比例达到3∶1以上时，可视情况组织统一考试，但在实际操作中，考试招募极少使用。

调查中发现，许多服务单位对“双向选择会”的招募方式提出了质疑。首先，他们认为通过简单的面试方式无法全面测试学生的素质，导致到基层工作的学生素质不一，加大了管理难度，因此建议增加笔试环节。其次，双向选择会实际操作有难度。双向选择会由省里统一组织，规模较大，工作量大。参加过双向选择会的工作人员表示，双向选择会现场人声沸腾，极不利于面试工作的顺利开展，也无法保障面试结果的科学性。最后，认为没有笔试缺乏公平性，也导致后期部分工作难以开展。部分地区人员表示，由于没有笔试，他们很多时候要面临“关系户”打招呼的压力，至少在程序上很难解释招募的公平性。另外，“三支一扶”无需笔试，上岗后直接享受乡镇事业单位新聘用人员试用期满后的待遇，且服务期满后部分地区还可享受“空岗聘用”的优惠政策，这对于需要通过严格考试、上岗后还要拿一年试用期的事业单位社会招考的人员来说极不公平。

总体看来，湖北省现行招募方式的合理性有待商榷。为了保障招募的顺利进行和"三支一扶"人员的素质，建议首先在程序上保障招募的公平公正性，可考虑借鉴事业单位招考的方式，以"笔试+面试"的方式进行招募，其中笔试可由省里统一组织，面试由各市县服务单位自行组织，加大各市县的工作主动权和积极性。

(二)管理政策的合理性

湖北省"三支一扶"计划的日常管理工作主要包括人员安置、培训帮扶、定期联系、考核奖惩、评选表彰等方面，在这些日常管理工作方面，湖北省的政策制定情况如表13所示：

表13　　**湖北省"三支一扶"日常管理工作的政策制定情况**

	湖北省"三支一扶"计划的管理政策
服务年限	服务期为2年，自选派当年7月份报到时起，服务期限计算工龄。期满后原则上不续签
人员安置	服务单位的职责包括落实服务岗位，并提供必要的工作和生活条件
培训帮扶	服务单位的职责包括明确专人对"三支一扶"高校毕业生进行传帮带，并根据其服务岗位和素质提高的需要统筹安排在岗培训
定期联系	无明确规定
考核奖惩	考核办法参照《事业单位工作人员考核暂行规定》执行。考核内容包括德、能、勤、绩四个方面。考核结果分为优秀、合格、不合格三个等次。优秀等次比例控制在参加考核人数的25%以内；年度考核合格等次以上者，每人每年给予5000元的奖励，直接发放给本人；考核不合格者，提前解除服务关系
其他政策	户口档案的管理、支医见习制度、不得借用的规定、服务岗位的调整、请假制度、服务关系的终止、服务人员的意见反馈、服务人员身体出现重大疾病的处理、评选表彰、违纪违法处理、意见反馈等

可以看出，湖北省的“三支一扶”管理政策在户口档案的管理、支医见习制度、不得借用的规定、服务岗位的调整、请假制度、服务关系的终止、服务人员的意见反馈、服务人员身体出现重大疾病的处理、评选表彰、违纪违法处理、意见反馈等方面，都做了极为详尽、全面的规定，并具有一定的合理性。但在服务年限、组织培训和考核奖惩等方面的政策合理性还有待商榷。

1. 服务年限的合理性

湖北省“三支一扶”人员的服务期限为 2 年，并规定“期满后原则上不续签”。在访谈调查中发现，不同地区、不同服务单位对服务期限的看法各不相同。有些用人单位表示 2 年服务期很合适，有利于实现缓解就业的政策目标。但也有部分用人单位表示 2 年时间太短，人员流动性太大，不利于人才培养，也不利于基层人才队伍建设。同时部分“三支一扶”学生希望能够续签。

可以看出，对服务期限的争论来源于对不同政策目标的诉求，因此对于 2 年服务期的合理性问题，不能一概而论。若“三支一扶”政策以缓解就业为优先目标，那么服务期限为 2 年且不得续签是合理的，但相对应的，该政策可能会不利于人才培养和补充基层人力资源这两个目标的实现。

2. 组织培训的合理性

按照《湖北省“三支一扶”工作管理办法(试行)》的规定，根据“三支一扶”高校毕业生服务的岗位和素质提高的需要，统筹安排在岗培训是服务单位的职责之一。但在实际操作中，由于各市(州)、县服务单位的条件和能力有限，且“三支一扶”学生数量少而分散，各服务单位承担在岗培训工作有一定的实际难度。省级或市州业务主管部门有组织业务技能培训的条件，但缺乏相应的激励机制，积极性不够。因此，在岗人员业务技能培训的职责划分需要重新斟酌，是在省级层面(人社部门或业务主管部门)来落实？还是在市级或县级层面来落实？

3. 考核制度的合理性

《湖北省“三支一扶”工作管理办法(试行)》规定：“三支一扶”人员的考核办法参照《事业单位工作人员考核暂行规定》执行。考核内容包括德、能、勤、绩四个方面。考核结果分为优秀、合格、不合格三个等次。优秀等次比例控制在参加考核人数的25%以内；年度考核合格等次以上者，每人每年给予5000元的奖励，直接发放给本人；考核不合格者，提前解除服务关系。表14为几个省份“三支一扶”人员考核制度的对比情况。

表14　　**“三支一扶”考核制度省份之间的对比**

省(市)	考核内容与考核结果的运用
湖北省	考核内容包括德、能、勤、绩四个方面。考核结果分为优秀、合格、不合格三个等次，其中优秀等次比例控制在参加考核人数的25%以内 年度考核合格等次以上者，每人每年给予5000元的奖励，直接发放给本人；考核不合格者，提前解除服务关系
山西省	优秀等次的比例不超过本县(市、区)在岗“三支一扶”大学生总数的15% 考核结果的运用： 年度考核为不合格等次的“三支一扶”大学生，解除服务协议并予以辞退； 服务期满考核不合格的“三支一扶”大学生，经省“三支一扶”办批准，不予发放服务证书； 服务期满考核为合格等次的“三支一扶”大学生，即可享受湖北省关于服务基层项目的就业优惠政策； 服务期满考核为优秀等次的“三支一扶”大学生，可经过面试或考核选拔的方式，在编制范围内进入事业单位
云南省	按照每人每月300元，即每人每年3600元的基数，设立“三支一扶”大学生绩效考核奖励资金。“三支一扶”大学生年度考核为优秀的，按150%的比例发放绩效奖励资金；考核为称职的，按100%的比例发放绩效奖励资金；考核为不称职的，不发放绩效奖励资金。年度考核为优秀等次的比例不能超过本州(市)参加考核“三支一扶”大学生总数的20%

通过对比分析，我们发现，部分省份出台了“三支一扶”人员服务期内的考核办法，明确规定了考核频率、考核方式，并将考核结果进行运用。如山西省将“三支一扶”人员的考核结果运用到了期满优惠政策中，使得期满优惠政策更具有灵活性和可操作性；云南省建立了“三支一扶”大学生绩效考核奖励机制，将考核结果与年度绩效奖励资金挂钩，更好地发挥考核的激励约束作用。相对而言，湖北省的考核制度比较简单，分合格和不合格两个档次，而据调研，近五年尚未发现有考核不合格的情况，这从侧面也说明目前的考核制度没有完全发挥激励约束作用。

(三)待遇政策的合理性

1. 生活补贴标准的合理性

由于各省经济发展和基层管理方式等方面的情况不同，保障“三支一扶”人员待遇的力度和标准各有不同。自 2013 年开始，“三支一扶”工作经费由中央财政和省财政共同承担，其中中央财政对东部地区的省份每人每年补贴 1 万元，中部地区省份每人每年补贴 1.5 万元，西部地区省份每人每年补贴 2 万元，而省财政补贴标准根据各省省情自行确定。表 15 是以各省 2015 年发布的“三支一扶”人员招募公告为依据，对各省服务期间的工作生活补贴标准所做的比较分析。

表 15　**部分省(市)“三支一扶”人员服务期间工作补贴比较(2015 年)**

省份	服务期间工作生活补贴
湖北省	生活补贴标准参照当地乡镇事业单位从高校毕业生中新聘用工作人员试用期满后工资收入水平的标准确定(到 37 个国定、省定扶贫开发重点县与国务院明确的比照西部大开发有关政策的县、市，以及到其他乡镇基层服务的，可按国家和湖北省有关规定高定薪级工资一至两级)，从报到的当月开始按月发放 每人每年发放交通补贴 400 元 省财政补贴为每人每年 1 万元(其中 5000 元为年度考核合格奖励)，因此生活补贴标准不低于 1600 元/月

续表

省份	服务期间工作生活补贴
吉林省	服务期间按月发放工作、生活补贴，每人每月 2200 元
河南省	生活补贴标准为专科生不低于 1500 元/月、本科生不低于 1600 元/月、研究生不低于 1700 元/月
河北省	生活补贴分别为研究生 2150 元、本科生 2050 元、专科生 1950 元
江苏省	服务期间参照本地乡镇事业单位从高校毕业生中新聘用工作人员试用期满后工资收入水平的标准，确定工作生活补贴标准，按月发放。福利享受服务单位在编人员同等待遇 从起薪之月起，按照有关规定参加当地的各项社会保险，并办理人身意外伤害保险。按照当地事业单位统一政策缴纳住房公积金、计发住房补贴
山东省	在服务期间，参照本地乡镇事业单位从高校毕业生中新聘用工作人员试用期满后工资收入水平的标准，确定工作、生活补贴，按月发放
江西省	工作生活补贴为每人每月 1500 元，给予公益性岗位补贴和社会保险补贴，岗位补贴标准为每人每月 200 元

从表 15 可以看出，各省“三支一扶”人员的工作生活补贴范围为每月 1500~2500 元，补贴水平差距较大，且生活补贴标准的制定方式也不尽相同。总体来看，各省“三支一扶”人员工作生活补贴标准制定主要分为三种情况：一是每人每月发放全省一致标准的工作生活补贴，如吉林省统一规定每人每月发放 2200 元；二是根据学历高低发放全省一致标准的工作生活补贴，如河北省“三支一扶”人员生活补贴标准为研究生 2150 元、本科生 2050 元、专科生 1950 元；三是参照本地乡镇事业单位从高校毕业生中新聘用工作人员试用期满后工资收入水平的标准确定，如湖北省、江苏省、山东省都采用了这种方式。

从与各省生活补贴水平的对比情况来看，湖北省的“三支一扶”人员生活补贴处于中等水平，但湖北省“三支一扶”人员的生活补贴标准的政策合理性有待商榷。首先，在调研中发现，由于湖北省内各市(州)县经济发展水平不一，各地之间的生活补贴标准最大差距可相差一倍，造成不同地区“三支一扶”人员的相互比较和心理上的不平衡；其次，如表16所示，“三支一扶”人员通过双向选择会即可享受乡镇事业单位新进高校毕业生试用期满后的工资标准，这对于通过严格的事业单位招考进入事业单位且还要拿一年试用期工资的人员来说，容易引起公平性的质疑；最后，部分“三支一扶”人员期满聘用后，按照事业单位新进人员工资标准核定工资，他们要重新开始拿一年试用期工资，工资低于服务期内标准，心理上也不平衡。因此，“三支一扶”人员到底是以一个什么样的身份参与服务？其劳动价值如何与其他身份人员(如事业单位新进正式职工)的劳动价值之间找到平衡？这些问题均需要进一步反思和斟酌。

表16　**“三支一扶”人员与事业单位招考人员的待遇比较**

人员类别	招募方式	“三支一扶”计划服务期内	期满聘用第一年	期满聘用第二年
“三支一扶”服务人员	双选	试用期满后工资标准	一年试用期工资标准	试用期满后工资标准
事业单位招考人员	笔试+面试	一年试用期工资标准	试用期满后工资标准	试用期满后工资标准

2. 保险办理和补贴发放方式的合理性

根据《湖北省“三支一扶”工作管理办法(试行)》的相关规定，湖北省“三支一扶”人员的生活补贴“从报到的当月开始，由服务单位会同县(市、区)级人社、财政部门按月发放，并按当地城镇职工参保办法办理基本养老、基本医疗、工伤、失业和生育五项社会保险；每人每年发放交通补贴并办理大额医疗保险和人身意外伤害保险。生活补贴标准未按程序核定前，应由服务单位先行垫支必要的生活费用，实行多退少补”。

但在实际操作中，目前的保险办理方式和补贴的发放方式也导致了一些问题。首先，由于中央和省级的财政补助发放到位的程序繁琐、周期长，“三支一扶”人员的生活补贴半年才能核定到位；其次，各地的经济发展水平不一，部分地区的服务单位因财政支付能力有限等原因，并没有为“三支一扶”人员垫付生活费用，也没有按规定为他们办理保险；最后，由于各地情况不一，省里对生活补贴和保险落实情况的监管有一定难度。因此，湖北省“三支一扶”人员的补贴发放和保险办理是应该由省级统筹管理发放，还是由各地根据当地情况进行管理和发放，值得进一步商榷。

根据各省公开发布的“三支一扶”待遇情况来看，各地都制定了“三支一扶”人员的待遇发放制度和办理养老、医疗、工伤、生育、失业五项基本保险的相关政策。通过对比部分省(市)“三支一扶”人员的生活补贴发放和保险办理方式(见表17)，可以给湖北省“三支一扶”计划的待遇落实提供一定的借鉴。

表17　**部分省(市)“三支一扶”人员的生活补贴发放和保险购买方式对比**

省(市)	“三支一扶”人员的生活补贴发放和保险购买方式
湖北省	从报到的当月开始，由服务单位会同县(市、区)级人社、财政部门按月发放生活补贴，并按当地城镇职工参保办法办理基本养老、基本医疗、工伤、失业和生育五项社会保险；每人每年发放交通补贴并办理大额医疗保险和人身意外伤害保险 生活补贴标准未按程序核定前，由服务单位先行垫支必要的生活费用，实行多退少补
重庆市	“三支一扶”大学生补贴标准参照当地乡镇新聘用事业单位工作人员工资收入水平确定，并随之同步调整 两年服务期内，由区县(自治县)人力社保局统一办理社会保险

续表

省(市)	“三支一扶”人员的生活补贴发放和保险购买方式
山西省	“三支一扶”大学生在岗情况实行月报制度。由县“三支一扶”办在每月15日前填写《山西省“三支一扶”大学生在岗情况月报表》报送到市“三支一扶”办(遇节假日提前报)。市“三支一扶”办在每月25日前汇总整理后报省“三支一扶”办(遇节假日提前报),省“三支一扶”办按上报人员情况发放生活补助

从表17可以看出,不同于湖北省实行的服务单位按月发放生活补贴和办理保险的方式,重庆市和山西省分别对“三支一扶”人员的保险和生活补贴实行统一办理、统一发放,这种方式在很大程度上避免了补贴发放和保险办理的落实不到位问题,保障了保险办理和补贴发放的及时性和公平性。

(四)期满政策的合理性

期满优惠政策是“三支一扶”计划顺利推行的重要动力。根据国家相关政策要求,各省市在“三支一扶”人员服务期满后的优惠政策上具有许多相同之处,主要表现在:第一,都通过定向招聘或笔试加分的方式予以政策倾斜。即在公务员考试和事业单位招聘中拿出一定比例的职位或安排下达相应数量的专项计划,以及报考事业单位招聘笔试加5分的优惠政策。第二,制定了报考研究生加分等优惠政策,“三支一扶”人员服务期满后三年内报考研究生可以享受加10分的优惠政策。第三,针对自主创业的“三支一扶”人员,可按规定享受行政事业性收费减免、小额贷款担保和贴息等优惠,以及其他相关优惠政策。

各省市“三支一扶”人员的待遇差别主要体现在事业单位的编制解决力度和专科生学历的优惠政策上。各省市“三支一扶”人员的服务期满优惠政策的差异见表18。

表 18　**各省市“三支一扶”人员的服务期满优惠政策比较**

省份	解决事业单位编制方面的优惠政策	专升本方面的优惠政策
湖北省	参加“三支一扶”计划的事业单位相对应的自然减员空岗，优先聘用服务期满考核合格的“三支一扶”高校毕业生；县、乡各类事业单位，有岗位空缺需补充人员时，也可拿出一定岗位通过人社部门考核直接聘用服务期满考核合格的“三支一扶”高校毕业生	无明确的相关政策
吉林省	“三支一扶”招聘计划要与编制管理相结合，使用设岗事业单位本年度空编进行公开招聘，并预留相关编制，2 年服务期满考核合格并取得服务证书的“三支一扶”人员，直接在服务单位办理落编聘用手续。落编聘用后 3 年内不得调转	服务期满且考核合格的大专学历免试进入高等学校接受成人本科学历教育
河南省	对服务期满考核合格人员自愿留在服务单位的，在单位编制限额内，经各县(市、区)“三支一扶”工作协调管理办公室(以下简称“三支一扶”办)申报，同级人社部门审核，报政府有关领导审定，在核定的事业单位编制内办理入编及聘用手续，并逐级上报编制、人社部门备案，按照有关规定落实岗位、工资等相关待遇。如服务单位无编制空缺的，在本县(市、区)缺编事业单位范围内聘用	成人专升本优惠政策按有关规定执行
河北省	无明确的相关政策	参加“三支一扶”计划的高职(高专)毕业生，服务期满考核合格的，可免试入读成人高等学历教育专科起点本科
安徽省	可享受基层事业单位简化程序直接聘用政策。按照人社部发〔2009〕42 号、皖人发〔2008〕44 号等文件要求，期满考核合格“三支一扶”毕业生，可直接补充到服务单位，考核优秀“三支一扶”毕业生，可直接补充到县以上事业单位	免试入读成人本科政策

续表

省份	解决事业单位编制方面的优惠政策	专升本方面的优惠政策
江西省	愿意留基层原服务单位就业的，由县(市、区)人力资源和社会保障部门会同有关部门办理接收安置手续	无明确的相关政策

从表18中可以看出，除了少数省份，如河北省没有在解决事业单位编制方面出台优惠政策外，大多数省市都出台了相关的优惠政策。如湖北省“三支一扶”计划中明确指出，若参加“三支一扶”计划的事业单位相对应的自然减员空岗，全部聘用服务期满考核合格的高校毕业生。县、乡各类事业单位，有岗位空缺需补充人员时，也可拿出一定岗位通过人社部门考核直接聘用这部分毕业生；河南省的“三支一扶”政策中也明确指出对服务期满考核合格人员自愿留在服务单位的，在单位编制限额内，经各县(市、区)“三支一扶”工作协调管理办公室(以下简称“三支一扶”办)申报，同级人社部门审核，报政府有关领导审定，在核定的事业单位编制内办理入编及聘用手续，并逐级上报编制、人社部门备案，按照有关规定落实岗位、工资等相关待遇。如服务单位无编制空缺的，在本县(市、区)缺编事业单位范围内聘用。

值得关注的是，吉林省在解决“三支一扶”人员的事业单位编制方面，实行的是“带编招聘”政策，即将“三支一扶”招聘计划与编制管理相结合，使用设岗事业单位本年度空编进行公开招聘，并预留相关编制，2年服务期满考核合格并取得服务证书的“三支一扶”大学生，直接在服务单位办理落编聘用手续，落编聘用后3年内不得调转。实行“带编招聘”既有一定的合理性，也存在一定的问题。合理性在于：其一，实行“三支一扶”招聘计划与编制管理相结合以岗位有空编为前提，降低了“三支一扶”人员服务期满后由于没有空编所造成的人才流失风险；其二，明确落编聘用后3年内不得调转的政策，减少了有编制人员的流动性，让在岗人员能安心工作。但是“带编招聘”也存在一定的问题，尤其是和缓解就业的政策目标相冲突。首先，“带编招聘”可能造成“三支一扶”人员工作积极性下降，且共5年时间不得调转对于大学生来说时间较长。其次，带编招聘“三支一扶”人员在一定程度上和事业单位招聘无异，无法体现政策目标，且更无法保障政策实施的公平性。最后，“带编招聘”容易受制于有限的编制。由于各地的编制情况不一，且编制是有限的，容易导致政策不可落实性和实施的不可持续性，也不利于人员流动，无法起到缓解就业的作用。因此“带编招聘”方式在湖北省的可行性还有待商榷。

从省级层面来看，“三支一扶”计划的主要政策目标在于缓解高校毕业生的就业压力，而湖北省历年高校毕业生数量庞大，“三支一扶”计划的落实在一定程度上确实缓解了高校毕业生的就业压力。至于“三支一扶”学生服务期满后是否留在基层，发挥补充基层人力资源的作用，则取决于各地区自行制定的相应安置政策。从这个角度而言，湖北省出台的“三支一扶”期满优惠政策具有较大的灵活性，给予了各地方较大的自主性，因此，我们认为湖北省的期满优惠政策比较合理，符合本省的实际情况。

三、政策制定的明确度评估

政策制定明确度的评估主要是对政策描述是否明确、信息是否完整的评估。通过对比不同省(市)之间“三支一扶”计划的招募公告和工作管理办法的内容，对完善湖北省“三支一扶”政策制定有一定的指导借鉴意义。

(一)招募政策的明确度

湖北省的招募政策中，在学历要求、服务年限、招募方式等方面政策制定较明确，但在招募信息和补录调剂方面的规定还缺乏明确度。

1. 招募信息的明确度

比较分析发现，湖北省的招募信息中，缺乏对工作去向和岗位描述方面的阐述(见表19)。如表20所示，重庆市“三支一扶”人员

表 19 **湖北省“三支一扶”岗位计划表(2015 年)**

地区	计划数(人)	县(市)、区	岗位类型								岗位要求
			合计	支农	支医(含计生)	扶贫	青年事务	基层人社	基层水利	残联	
武汉市	15	江夏	6		1		1	2		2	支医：临床医学，医学检验，药学，医学影像 青年事务：专业不限，熟练掌握 Office 和 Photoshop 等办公软件 基层人社：档案管理，财务会计相关专业，法律相关专业
		蔡甸	4		4						支医：临床医学，医学检验，医学影像，会计
		东西湖区	4	3				1			支农：本科；专业：财务、工程管理、园林 基层人社：本科；专业：文秘
		新洲	1							1	残联：1. 康复治疗专业 2. 文科专业 3. 从事残疾人就业、扶贫政策研究
黄石市	35	大冶市	19	3	2	1	3	6	2	2	支家：农学、文秘专业 支医：临床、护理专业 青年事务：汉语言文学专业 基层人社：文秘、计算机专业 基层水利：水利水电工程专业

续表

地区	计划数（人）	县（市）、区	岗位类型								岗位要求
			合计	支农	支医（含计生）	扶贫	青年事务	基层人社	基层水利	残联	
黄石市	35	西塞山区	10	1	1	1	1	4	1	1	支医：医学专业
		黄石港区	4		1		1	2			
		下陆区	2		2			2			支医：医学专业
		经济技术开发区	7				2	3	2		青年事务：本科及以上，汉语言文学、财务管理、信息化管理等专业 基层人社：本科及以上，汉语言文学、财务管理、信息化管理等专业 基层水利：本科及以上，水利工程、建筑工程、汉语言文学等专业
		郧西	21	2	2	6	2	6	2	1	支农：本科以上学历，专业不限 支医：1. 临床医学、中医、中西医结合，全日制本科及以上 2. 卫生检查与检疫专业(全日制专科及以上) 扶贫：本科以上学历，专业不限 青年事务：本科学历，专业不限 基层人社：本科学历，专业不限 基层水利：本科以上，水利专业 残联：大专以上学历，专业不限

表20 **重庆市“三支一扶”岗位计划表**

区县	招募单位	招募人数	专业要求及人数	学历要求	工作去向
万州区（30人）	文化服务机构	5	戏剧与影视学类、音乐与舞蹈学类	本科及以上	到乡镇文化服务机构工作
	劳动就业和社会保障服务机构	5	专业不限		到乡镇劳动就业和社会保障服务机构工作
	农技服务机构	5	农学，果树，蔬菜、动物医学、畜牧兽医、生物安全		到乡镇农技服务机构工作
	医疗卫生机构	10	临床医学	本科及以上	到乡镇医疗卫生机构工作
	其他	5	土木类、环境保护	本科及以上，应届专科	到乡镇村镇建设环保管理所工作
黔江区（30人）	文化服务机构	5	音乐与舞蹈学类、戏剧与影视学类、美术学类、设计学类、新闻传播学类、中国语言文学类	本科及以上	到乡镇文化服务机构工作
	劳动就业和社会保障服务机构	5	公共管理类、工商管理类、社会学类、法学类		到乡镇劳动就业和社会保障服务机构工作
	农技服务机构	10	植物生产类、动物生产类、动物医学类、自然保护与环境生态类、林学类、农业工程类、农业经济管理类		到乡镇农技服务机构工作
	医疗卫生机构	10	基础医学类、临床医学类、口腔医学类	专科及以上	到乡镇医疗卫生机构工作

续表

区县	招募单位	招募人数	专业要求及人数	学历要求	工作去向
涪陵区（15人）	农技服务机构	15	植物生产类1人，农业工程类、植物生产类4人，农业工程类1人，水利类6人	本科及以上，应届专科	到乡镇农技服务机构工作
			自然保护与环境生态类、农业经济管理类1人，水利水电工程、水利水电建筑工程、水务工程1人，水文学与水资源、水利水电工程、水文与水资源利用、水利水电建筑工程、水务工程1人	本科及以上	
	文化服务机构	2	音乐表演、舞蹈表演1人，舞蹈表演、舞蹈编导、音乐表演、指挥1人		到乡镇文化服务机构工作

的岗位需求表中明确了工作去向，让报考者对于参加“三支一扶”计划后在何处工作有一个心理上的准备；如表21所示，吉林省的岗位需求表中，有明确的服务单位名称、岗位名称以及岗位的具体职责。相比较而言，湖北省的“三支一扶”岗位计划表中对专业、招募人数进行了明确要求，但没有提供关于招募单位与工作去向的相关信息，不利于报考“三支一扶”的学生根据相关信息进行选择和判断，由于信息不对称，有些“三支一扶”人员到岗后心理落差很大，出现中途离岗现象。

表21　**吉林省“三支一扶”计划岗位需求表(2015年)**

地区	单位	岗位	人数	具体职责	单位地址	专业要求
长春市01(90人)	长春市双阳区太平镇林业工作站	林政执法	1	护林防火	长春市双阳区太平镇政府	不限
	长春市双阳区齐家镇林业工作站	林政执法	1	护林防火	长春市双阳区齐家镇政府	不限
	长春市山河街道办事处林业工作站	林政执法	1	护林防火	长春市山河街道办事处政府	不限
	长春市双阳区齐家水利工作站	水管员	1	灌溉管理、防汛管理、农田水利管理	长春市双阳区齐家镇政府	水利工程管理
	长春市双阳区云山街道社区卫生服务中心	公共卫生	1	负责对应相关工作	长春市双阳区东双阳大街922号	大专以上学历预防医学或公共卫生专业并具有公卫执业助理医师及以上资格证书

2. 调剂补录的明确度

从表22可以看到，比较而言，湖北省对“三支一扶”人员的调剂补录程序不够明确，缺乏配套的执行政策。在实际操作中，由于调剂时间较晚，且程序不明确，导致补录调剂工作的难度较大，也造成了许多“三支一扶”指标的浪费。重庆市的做法则有许多可取之处，以笔试成绩为依据进行递补式调剂，仍有空缺的通过信息发布、考生申报、再次考试的方式进行调剂补录。

表22　　不同省份补录调剂方面的政策制定情况

省(市)	调剂补录方式
湖北省	每年7月底前，“拟招募”对象凭《选派通知书》按时到服务单位所在县级“三支一扶”办报到，逾期不报到者，视为自动放弃。如因“拟招募”对象未到岗出现计划余缺时，由省“三支一扶”办统筹调剂补录
重庆市	重庆市人力社保局会同市级相关部门在笔试合格分数线内，按专业岗位指标1∶2的比例，从高分到低分确定资格复审人员。进入体检人员因体检不合格或自愿放弃，由同一岗位面试合格人员按综合成绩从高分到低分依次递补 递补后，仍有缺额岗位的全部用于调剂，具体调剂办法为：在重庆人力资源和社会保障网上公布调剂岗位，考生按调剂岗位的要求申报，一个考生限报一个调剂岗位。由区县(自治县)人力社保局按调剂专业岗位指标1∶2的比例，按笔试成绩从高分到低分确定调剂人选。由报考区县(自治县)组织面试、体检、考察

(二)管理政策的明确度

在管理政策方面，湖北省的相关政策对“三支一扶”人员服务期间的户口档案、见习制度、指导帮扶、借调制度、服务岗位的调整、请假制度、服务关系终止情况、重大疾病的处理、表彰奖惩、违法违纪处理等都做了比较明确的规定，但在“三支一扶”人员的定期联系、约束机制、考核评优等方面政策明确度不够。

1. 定期联系制度的明确度

根据国人部发〔2006〕16号的文件要求，各业务主管部门要关心爱护“三支一扶”大学生，建立定期联系制度，深入了解其上岗服务情况，及时协助解决其工作和生活上出现的问题。但湖北省的相关政策中，尤其是《湖北省“三支一扶”工作管理办法(试行)》中，没有对定期联系的频率和方式作出明确规定，在实际执行中容易流于形式。

2. 约束制度的明确度

对比分析发现，湖北省“三支一扶”人员管理政策中的约束制度明确度不够，尤其是缺乏对以下内容的管理约束：学生工作要求、请假逾期、辞退问题、瞒报冒领、经费发放和保险办理不到位、擅自借调等问题。山西省“三支一扶”工作管理办法具有一定的借鉴意义，如表23所示。

表23　山西省“三支一扶”管理政策中的人员管理约束制度

管理内容	相关的约束制度
学生工作要求	服务期间，“三支一扶”大学生应按有关要求认真做好以下工作： 弘扬奉献精神，积极开展服务工作； 尊重服务地的民俗、民风，遵守职业道德，遵守服务单位的有关规章制度，自觉接受服务单位的日常管理； 加强自我管理、自我约束，互帮互助，积极开展活动； 不向服务单位或有关部门提出政策规定待遇之外的特殊要求，不给服务地增加额外负担； 不得以“三支一扶”大学生身份从事任何以营利为目的或违反法律和社会公德的活动

续表

管理内容	相关的约束制度
请假逾期	请假逾期不归的，视情节轻重给予相应处分直至辞退
辞退情形与程序	“三支一扶”大学生有下列行为之一的，服务单位可以辞退：服务期间擅自离岗的；请假期满，逾期5个工作日不归的；一年内请假逾期不归累计满10个工作日以上的；由服务单位连续三个月考核不合格的；年度考核结果为不合格的；严重违纪或严重违反有关规章制度的；服务期间触犯法律，受到处理的 辞退程序：由服务单位填写《山西省辞退“三支一扶”大学生审批表》，经县“三支一扶”办同意后，报市“三支一扶”办批准，经省“三支一扶”办审核同意。本人不配合的可视为自动解除服务协议
瞒报冒领情形	“三支一扶”大学生中途无故离岗的，服务单位和县、市“三支一扶”办未按规定上报或瞒报冒领生活补贴的，由责任单位上级部门追究其相关责任；情节严重的，报责任单位同级纪检监察部门处理

3. 考核评优制度的明确度

湖北省“三支一扶”人员的考核评优政策明显不够明确，主要表现在考核评优标准与方式的不明确(见表24)。

表24　**湖北、山西、云南三省“三支一扶”人员的考核标准对比分析**

	考核标准
湖北省	考核优秀等次比例控制在参加考核人数的25%以内 考核分为平时考核、年度考核和服务期满考核。平时考核，由服务单位负责组织；年度考核以平时考核为基础；期满考核结合服务第二年年度考核进行，统一由县级“三支一扶”办负责组织，服务单位具体实施

续表

	考核标准
山西省	日常考核以考勤、工作业绩为主要内容，服务单位每月对“三支一扶”大学生进行考核；年度考核由县“三支一扶”办组织，以日常考核和服务单位考核等级建议为基础 服务期满考核由县“三支一扶”办组织，包括德、能、勤、绩、廉五个方面的综合考评。“德”主要考核政治、思想表现和职业道德表现；“能”主要考核业务水平、业务技术提高情况；“勤”主要考核工作态度，勤奋敬业精神；“绩”主要考核履行岗位职责和完成工作任务的情况；“廉”主要考核日常行为规范，遵纪守法，廉洁奉公情况 优秀等次的比例不超过本县(市、区)在岗“三支一扶”大学生总数的15% 优秀：政治素质和业务素质高，能模范遵守各项规章制度，工作勤奋，业绩突出 合格：政治素质和业务素质较高，能遵守各项规章制度，态度端正，基本能够完成工作任务 不合格：政治素质和业务素质较差，难以适应服务工作，工作责任心不强，不遵守各项规章制度，不能完成工作任务
云南省	考核的内容以“三支一扶”大学生所在服务岗位承担的工作任务为依据，紧紧围绕德、能、勤、绩、廉等情况，对“三支一扶”大学生的纪律作风、工作实绩和民主评议三个方面的内容进行量化打分，分值为100分 纪律作风(15分)：思想作风、工作作风、生活作风、遵纪守法、廉洁自律等情况 工作实绩(50分)：履行岗位职责、完成工作任务、联系服务群众和在岗等情况 民主评议(35分)：乡镇中心学校校长、服务学校校长、涉农服务站(所)负责人、卫生院(所)长和基层服务单位干部职工对“三支一扶”大学生进行民主测评和评议评级，填写《“三支一扶”大学生民主评议表》和《“三支一扶”大学生年度(服务期满)考核量化评分表》。其中：乡镇中心学校校长、服务学校校长对“支教”大学生进行民主评议，乡镇涉农服务站(所)负责人对“支农”大学生进行民主评议，乡镇卫生院(所)长对“支医”大学生进行民主评议，评议意见占30%权重；基层服务单位干部职工对“三支一扶”大学生的民主评议意见占70%的权重

续表

	考核标准
云南省	民主评议时，各地根据工作实际，进一步细化量化具体考核指标，确保考核公平公正开展 年度考核和服务期满考核结论分为“优秀”“称职”“不称职”三个等次。考核结果应当以书面形式通知“三支一扶”大学生本人，考核表装入“三支一扶”大学生本人档案 各等次的基本标准是 优秀：政治素质和业务素质好，模范遵守各项规章制度，工作勤奋，出色完成工作任务，成绩突出。“优秀”等次的比例不能超过该州(市)在岗人数的20%，按照考核综合得分从高到低的顺序确定优秀等次，确定为优秀等次的考核综合得分不得低于85分。其中，服务期满考核评定为优秀的，服务期内年度考核必须有1年以上优秀等次 称职：政治素质和业务素质较好，自觉遵守各项规章制度，工作积极，能够完成工作任务。确定为称职等次的考核综合得分不得低于60分 不称职：政治素质和业务素质较差，难以适应服务工作，工作责任心不强，不遵守规章制度，不能完成工作任务。确定为不称职等次的考核综合得分低于60分

对比分析发现，湖北省“三支一扶”人员的考核标准和考核方式方面，目前缺乏具体的程序设计，考核标准的明确度较低。而山西省对“三支一扶”人员的期满考核内容、考核等次的标准等进行了说明；云南省制定了详细的“三支一扶”人员的绩效考核办法，将考核内容细化为指标分值，对考核等次的标准作出了明确规定，并规范化了考核程序，如考核结果要以书面形式通知“三支一扶”大学生本人，考核表装入“三支一扶”大学生本人档案等，有较强的可操作性，进一步保证了考核制度的落实。

(三)待遇政策的明确度

在“三支一扶”人员的待遇政策方面，湖北省的相关文件对待遇标准、待遇发放、保险标准等都进行了明确规定，但在待遇是否随事业单位工资的调整而同步调整的问题，政策中缺乏明确说明。

实地调研发现，“三支一扶”人员的生活补贴调整滞后是比较普遍的问题，目前部分地区如宜昌等地都及时调整了“三支一扶”人员的补贴标准，但由于相关政策文件缺乏对“三支一扶”人员工资调整的具体说明，部分地区对“三支一扶”人员没有调整生活补贴，并表示在没有明确文件出台的情况下，缺乏给“三支一扶”人员调整生活补贴的政策依据。

值得借鉴的是重庆市的有关做法。2015 年重庆市“三支一扶”人员招募公告中明确规定：“三支一扶”大学生补贴标准参照当地乡镇新聘用事业单位高校毕业生工资收入水平确定，并随之同步调整。

(四)期满政策的明确度

根据《湖北省“三支一扶”高校毕业生服务期间和服务期满有关政策的意见》(鄂人社发〔2010〕36 号)，原服务单位(以及所在县、市、区范围内事业单位)有职位空缺或有相对应的自然减员需补充人员时，要优先聘用服务期满考核合格的“三支一扶”高校毕业生。县、乡各类事业单位，有岗位空缺需补充人员时，也应拿出一定岗位通过人力资源和社会保障部门考核直接聘用这部分毕业生。在事业单位服务的“三支一扶”高校毕业生服务满一年后，在现岗位空缺的情况下，经考核合格，可与所在单位签订不少于三年的聘用合同。该政策对期满政策的规定比较明确，且具有一定的灵活性，需要各地结合实际情况进一步细化和明确。

(五)部分表述的明确度

在《湖北省“三支一扶”工作管理办法(试行)》的相关规定中，部分表述比较模糊，在明确度方面还需进一步完善。较为常见的表述方式是“原则上”，其中对借用问题的规定比较具有明确度，具体内容为：服务期间，“三支一扶”高校毕业生应在基层岗位上服务，原则上不得借用。特殊情况确需借用的，须在本岗位实际服务满一年，经服务所在县级、市级“三支一扶”办核准并报省“三支一扶”办同意。未经批准的，借用时间不视为“三支一扶”服务期。该政策规定对特殊情况进行了说明，政策制定比较完善和明确。

但是在许多其他政策表述中，对“原则上”之外的例外情形缺乏明确说明，如服务期限的规定方面，“湖北省‘三支一扶’高校毕业生服务期为2年，服务期限原则上不得变更，期满后原则上不续签”；对户口档案的规定，“对服务期满并已落实工作单位的‘三支一扶’高校毕业生，其户口、档案原则上随工作需要流动”等。

四、政策间的衔接性评估

（一）政策内部的衔接性

“三支一扶”计划的相关性政策可分为内部配套政策和外部衔接政策两类。其中内部配套政策是“三支一扶”计划的辅助性政策和指导性政策，其政策内容主要包括户档和保险的转接与管理工作、《高校毕业生“三支一扶”服务证书》发放管理工作、信息系统运行管理工作、工龄计算问题等。目前，在《湖北省“三支一扶”工作办法》中，对以上工作的具体实施做了详细的规定，政策内部的衔接性较好。

（二）政策外部的衔接性

“三支一扶”计划的外部衔接政策则是独立于“三支一扶”计划的其他功能性政策，如与《事业单位人事管理条例》和其他基层服务项目之间的政策衔接等，这些政策具有较大的相关性。

1. 与《事业单位人事管理条例》的衔接性

“三支一扶”计划的优惠政策中指出：“原服务单位（以及所在县、市、区范围内事业单位）有职位空缺或有相对应的自然减员需补充人员时，要优先聘用服务期满考核合格的‘三支一扶’高校毕业生。县、乡各类事业单位，有岗位空缺需补充人员时，也应拿出一定岗位通过人力资源和社会保障部门考核直接聘用这部分毕业生。"该项规定被简称为"考核直接聘用"政策。但该政策在实际落实中面临较大阻碍，因为该政策被认为与2014年出台的《事业单位人事管理条例》中的"凡进必考"原则有冲突。目前，湖北省人力资源和社会保障机构内部相关部门也在努力争取两个政策的对接。

另外，《事业单位人事管理条例》中对"凡进必考"原则也有以下补充说明："事业单位新聘用工作人员，应当面向社会公开招聘。但是，国家政策性安置、按照人事管理权限由上级任命、涉密岗位等人员除外。""三支一扶"计划是国家引导高校毕业生服务基层、扎根基层的重要政策，对是否适用于"国家政策性安置"的例外条例，需要国家层面的政策明确说明。

2. 与其他基层服务政策的衔接性

近年来，中央各有关部门主要组织实施了4个引导高校毕业生到基层就业的专门政策，包括"西部计划""三支一扶""特岗计划""村官计划"；省级组织实施的主要有选调生计划；部分地区制定了市级层面的基层人才政策。目前，这三个层面的基层就业政策中，唯有在招募条件方面，三个中央层面的计划("西部计划""三支一扶""村官计划"与"选调生"的政策之间有一定的衔接性，如报考选调生的省内服务基层项目毕业生，应为湖北省有关部门选聘的"大学生村官"、"三支一扶"人员、"西部计划"志愿者，具有全日制大学本科以上学历。除此之外，各个基层项目都有一套各自的政策体系和组织实施体系，未发现其他方面的衔接性。

五、评估结果与政策建议

(一)评估结果

1. "三支一扶"政策目标的协调性

三个政策子目标具有一定的协同性和冲突性。协同性主要表现为把高校毕业生引导到基层，既缓解了就业压力，同时也为高校毕业生提供了实践能力培养的平台，为基层单位提供了考察人才的机会，并在一定程度上缓解了基层人力匮乏的矛盾，有利于基层事业的发展。冲突性主要表现为不同子目标在总目标中的权重比较模糊，子目标实现的优先顺序不明确，导致政策目标中子目标之间的协调性存在一定问题。

2. 政策制定的合理性

招募政策方面：招募条件中的服务年限、服务岗位、学历条件等政策制定比较合理，但招募规模和招募方式等方面的合理性有待商榷。

管理政策方面：在户口档案的管理、支医见习制度、人员借调、服务岗位的调整、请假制度、服务关系的终止、服务人员的意见反馈、服务人员身体出现重大疾病的处理、评选表彰、违纪违法处理、意见反馈等方面，湖北省的管理政策都做了极为详尽、全面、合理的规定。但部分政策制定的合理性有待商榷，主要有：服务年限的长短、培训的职责权限划分、考核结果的应用。

待遇政策方面：从与各省生活补贴水平的对比情况来看，湖北省的“三支一扶”人员生活补贴处于中等水平，但生活补贴的发放和保险办理是应该由省里统筹管理，还是由各地自行管理，还有待商榷。

期满政策方面：从“三支一扶”计划的优先目标是缓解就业压力的角度而言，湖北省出台的“三支一扶”期满优惠政策具有较大的灵活性，给予了各地较大的自主性，比较合理，符合湖北省的实际情况。

3. 政策的明确度

招募政策方面：湖北省的招募政策中，在学历要求、服务年限、招募方式等方面政策较明确，但在招募信息和补录调剂的规定方面明确度不够。

管理政策方面：湖北省的相关政策对“三支一扶”人员服务期

间的户口档案、见习制度、指导帮扶、借调制度、服务岗位的调整、请假制度、服务关系终止情况、重大疾病的处理、表彰奖惩、违法违纪处理等都做了比较明确的规定，但在“三支一扶”人员定期联系、约束制度、考核评优等方面明确度不够。

待遇政策方面：在“三支一扶”人员的待遇政策方面，湖北省的相关文件对待遇标准、待遇发放、保险标准等都进行了明确规定，但在待遇的调整方面还缺乏明确说明。

期满政策方面：湖北省对期满政策的规定比较明确，且具有一定的灵活性，需要各地结合实际情况进一步细化和明确。

部分表述方面：在《湖北省“三支一扶”工作管理办法(试行)》的相关规定中，部分表述比较模糊。较为常见的表述方式是“原则上”，除了对人员借用的规定比较明确外，在期满续签、户口档案流动等政策表述中，对“原则上”之外的例外情形缺乏明确说明。

4. 政策间的衔接性

政策内部衔接性方面：湖北省对户档和保险的转接、信息系统运行管理、工龄计算等问题都进行了较好的制度设计，“三支一扶”政策的内部衔接性较好。

政策外部的衔接性方面：主要表现为中央层面不同部门政策的不衔接。“三支一扶”计划“空岗聘用”与《事业单位人事管理条例》中的“凡进必考“原则的不衔接；不同基层项目之间的不衔接。

总体评估结果：“三支一扶”政策子目标之间的协调性中等；政策的制定合理性良好，但“三支一扶”人员的招募规模、招募方式、待遇标准的制定和发放方式、培训的职责权限划分、考核结果应用等政策的合理性有待商榷；政策的制定明确度良好，但岗位信息、补录调剂、人员约束机制、考核评优、待遇的同步调整、期满续签、户口档案流动等政策需要进一步明确和细化(见表25)。

表 25　　湖北省第二轮“三支一扶”政策体系的评估结果

	协调性	合理性	评估结果	明确度	评估结果	衔接性
招募政策	——	招募条件	++++	招募条件	++++	——
	——	招募规模	+++	招募信息	++	——
	——	招募方式	++	招募方式	++++	——
	——	调剂补录	+++	调剂补录	++	——
管理政策	——	服务年限	+++	定期联系	++	——
	——	组织培训	++	组织培训	++++	——
	——	约束制度	+++	约束制度	++	——
	——	考核制度	++	考核评优	++	——
	——	期满续签	+++	期满续签	++	——
	——	人员借调	++++	人员借调	++++	——
	——	户口档案流动	++++	户口档案流动	++	——
待遇政策	——	生活补贴标准	++	同步调整	++	——
	——	保险办理和补贴发放方式	++	保险办理和补贴发放方式	++++	——
期满政策	——	——	++++	——	++++	——
总体结果	++	——	+++	——	+++	+++

注：优(++++)、良(+++)、中(++)、差(+)为四个等级。

(二)存在的问题

1. “三支一扶”政策目标的冲突性

三个政策子目标的冲突性主要表现为不同子目标在总目标中的权重比较模糊，子目标实现的优先顺序不明确，导致政策目标中子目标之间的协调性存在一定问题。调研资料显示，不同的利益相关者对目标的优先解决顺序看法不一，对“三支一扶”政策的理解存在一定的差异性，在一定程度上影响了“三支一扶”计划的实施。

2. 部分政策制定的合理性有待商榷

招募方式方面，若以缓解就业压力为优先解决的目标，目前国家下达的计划指标远远不能满足农村基层的需求，招募规模偏小。另外，招募中是否需要增加笔试环节？若增加笔试环节，至少在程序上更能保障招募的公正公平性，但同时也可能会导致部分岗位的人员招募更为困难。

管理政策方面：第一，服务年限的合理性问题。对服务期限的争论来源于对不同政策子目标的追求。若“三支一扶”政策以缓解就业为优先解决的子目标，那么，服务期限为2年且不得续签比较合理，若以人才培养和促进基层事业发展为优先解决的子目标，则应该适当延长服务期或允许续签。第二，业务技能培训的职责划分有待商榷。各市(州)、县服务单位的条件和能力有限，且“三支一扶”学生数量少而分散，承担在岗业务技能培训有一定的难度，而业务主管部门虽有组织业务技能培训的条件，但缺乏相应的激励机制，积极性不够。第三，考核制度的合理性。目前的考核制度主要是各地参照当地事业单位人员考核办法进行，由于各地具体落实情况不一，而省级层面缺乏统一的“三支一扶”人员考核办法，监管考核的落实情况有一定困难，在考核方面是继续给各地较大的自由裁量权，还是由省级层面统一出台“三支一扶”人员考核办法，值得商榷。

待遇政策方面：首先，生活补贴标准的执行标准、发放方式方面。由于各地服务单位的工资和津补贴标准不同，“三支一扶”人员的收入相差较大，相互比较后心理不平衡，服务期满被聘用人员的待遇又面临与服务期内不平衡的问题，另外，由于执行标准不一，各地发放情况不一，省级相关部门也难以监管生活补贴的落实情况，因此，是继续按照现行政策，根据各地乡镇事业单位新进高校毕业生试用期后的工资标准核定“三支一扶”人员的生活补贴，还是借鉴其他省份的做法，统一制定“三支一扶”人员的生活补贴标准，值得进一步商榷。其次，保险办理方面，是继续按照现行执行方式，还是适当借鉴其他省份做法，省里统一购买保险？

3. 部分政策需要进一步细化和明确

在招募政策方面，需要在岗位需求计划表中补充服务单位的名称、地点等信息，并进一步明确和简化补录调剂的程序；管理政策方面，定期联系制度、人员的约束机制和考核评优政策需要进一步细化，并制定有可操作性的规章制度；待遇政策方面，“三支一扶”人员的待遇是否与事业单位同步调整，需要在政策中说明；部分政策表述方面，对期满续签、户口档案、请假等制度“原则上”的例外情形需要明确说明，以利于管理的规范化。

(三)政策建议

1. 在明确政策子目标关系的基础上进行清晰的政策定位

建议结合湖北省实际情况，进一步明确“三支一扶”计划中缓解就业压力、促进基层人才培养和促进基层事业发展三个子目标之间的关系和优先解决次序，对政策进行一个清晰的定位，即为什么要把高校毕业生引到基层，应该优先达成什么子目标。从“三支一扶”计划的政策演变情况来看，“三支一扶”计划首先应该是一个缓解就业压力的计划，因而其政策的着力点应该是最大限度地缓解高校应届毕业生的就业压力，给这些毕业生提供一个缓冲和过渡的机会。在这种语境下，“三支一扶”人员应该是以一种“见习生”的身份下到基层，为基层事业补充人力资源的同时，给“三支一扶”人员和服务单位双方均提供了一个相互了解和观察的机会，为后期的人员就业和单位培养人才奠定了基础。因此，政策的定位应该是优先解决缓解就业压力的子目标，“三支一扶”人员的定位应该是“见习生”身份。在此政策定位的基础上，再进行相关政策的设计和优化，引导和规范各地执行政策的行为。

2. 在财政能力范围内适当扩大招募规模

虽然湖北省 2011—2015 年期间计划招募的“三支一扶”高校毕

业生约占国家总体计划招募的比例较高(9%左右)，但是，与每年庞大的高校毕业生数量相比，目前的计划招募人数还远远不能满足毕业生和基层事业单位的需求，招募规模明显偏小。建议在财政能力范围内适当扩大“三支一扶”的招募规模，可以借鉴其他省份地方自主招募的做法，省级财政根据情况予以一定程度上的补助。

3. 统筹管理“三支一扶”人员的待遇标准和发放方式

如前所述，若政策定位是优先解决缓解就业压力的子目标，“三支一扶”人员的身份是“见习生”身份，则目前的“三支一扶”人员的待遇标准和发放方式需要重新思考。建议省里制定统一的“三支一扶”人员的生活补贴标准和保险标准，弱化或忽略地区间的补贴差异，突出不同服务岗位的补贴差异性。如可考虑对服务岗位进行科学分类，专业性较强的服务岗位定义为专业性岗位，如支医项目中的临床医学专业岗位、支农项目中的农业技术岗位等，在待遇方面予以政策倾斜；专业性不强的岗位定义为事务性岗位，如扶贫、就业和社会保障平台岗位，实行统一的补贴标准。这样一方面可以减少因收入差距较大带来的心理不平衡，另一方面，能提高“三支一扶”人员对服务期内待遇的知晓度，有利于上级部门对待遇落实情况的监管。另外，若条件成熟，可以考虑省里统一组织购买保险，最大限度缩小不同地区“三支一扶”人员之间的待遇差距。

4. 重新划分业务技能培训的职责

按照《湖北省“三支一扶”工作管理办法(试行)》的规定，根据“三支一扶”高校毕业生服务的岗位和素质提高的需要，统筹安排在岗的业务技能培训是服务单位的职责之一。但在实际操作中，由于各市(州)、县服务单位的条件和能力有限，且“三支一扶”学生数量少而分散，各服务单位承担在岗培训工作有一定的实际难度，容易流于形式。省级或市州业务主管部门有组织业务技能培训的条件，但缺乏相应的激励机制，积极性不够。因此，建议遵循“谁用人、谁受益、谁负责”和培养与使用并重的原则，明确省级或市(州)业务主管部门落实服务期内“三支一扶”人员的业务技能培训工作，并予以一定的支持，建立相关的约束激励机制。

5. 相关政策进一步明确和制度化

建议将以下政策进一步明确和制度化：一是在招募的岗位计划表中补充服务单位名称、服务单位地址、工作去向、服务单位可提供的生活工作条件、联系人及联系方式等基本信息服务，降低因信息不对称导致的中途离岗。二是补录调剂需要进一步明确补录调剂的原则和具体操作方法。建议在报考信息系统中加入“是否愿意接受调剂补录”的选项，当出现缺额岗位时，先以考试成绩为依据，通过系统向愿意接受调剂且成绩合格的学生发布信息，进行及时地递补。仍有空缺的在门户网站公布调剂补录岗位，实行考生自己申请，择优录取的方式进行人员补录。三是完善管理政策中对学生的约束机制，包括对“三支一扶”学生的工作要求、对请假逾期行为的处理、“三支一扶”人员被辞退的情形与程序等，同时建立“三支一扶”人员的绩效考核方案，将考核工作进一步细化和制度化，并将考核结果运用到年度绩效奖金、期满优惠等相关政策中来，充分发挥考核评优的激励作用。四是建立对各地管理部门的约束激励机制，明确对各地擅自借调“三支一扶”人员、瞒报冒领生活补贴等不良情形的处罚机制，增加管理政策的明确度。五是若继续按照目前的生活补贴发放标准，建议补充说明“三支一扶”人员的生活补贴标准将与事业单位新进高校毕业生工资标准同步调整。六是进一步将期满续签、户口档案等政策执行中的例外情况明确说明并制度化，增加政策的可操作性。

第四章　湖北省“三支一扶”政策执行的评估

政策执行是指政策执行者通过建立组织机构，运用各种政治资源，采取解释、宣传、实验、协调与控制等各种行动，将政策观念的内容转化为实际效果，从而实现既定的政策目标的活动过程。湖北省“三支一扶”计划在“三支一扶”计划领导小组的指导下，由各级人力资源和社会保障部门牵头与各服务单位主管部门共同实施，计划实施包括“三支一扶”计划指标的分配、“三支一扶”计划的政策宣传、“三支一扶”人员的培训、安置、管理、考核等多个方面，具体政策执行过程如图 3 所示。

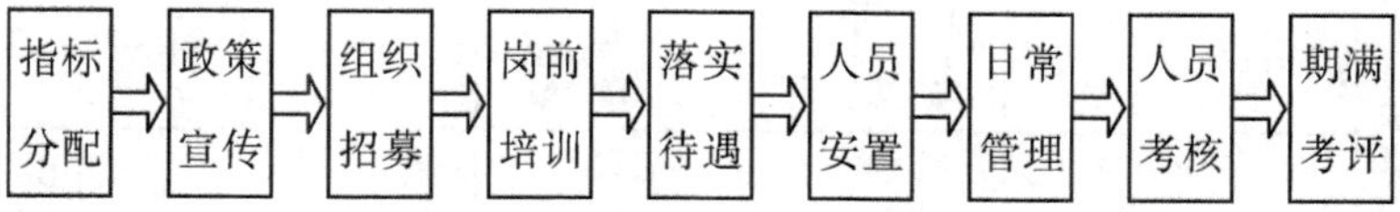

图 3　“三支一扶”计划的政策执行过程图

根据以上政策执行环节，本书通过二轮德尔菲法，设计了“三支一扶”政策执行情况的评估指标体系，包括 11 个一级指标，23 个二级指标，17 个三级指标，详见表 26。本部分将根据调研数据的分析，对照政策目标，逐一对“三支一扶”计划的各个执行指标进行评估。

表 26　**湖北省第二轮“三支一扶”政策执行的评估指标体系**

项目	一级指标	二级指标	三级指标	指标内涵	评估方法
政策执行情况的评估	计划指标分配情况	指标的地区分布	——	计划指标在湖北各地的分布情况	调研数据与政策目标的对比分析
		高定薪级市县(区)指标分配	——	指标分配是否体现了向贫困偏远地区倾斜的原则	
	政策宣传的执行情况	在校大学生的政策知晓度	对“三支一扶”计划的知晓度 对优惠政策的知晓度 知晓的渠道与时间	在校大学生对“三支一扶”计划的知晓度和认知度；知晓的主要渠道	
		服务期内“三支一扶”人员的政策知晓度	“三支一扶”人员报考时的政策知晓程度 知晓的渠道与时间	在校大学生对“三支一扶”计划的知晓度和认知度；知晓的主要渠道与时间	
	人员招募情况	计划招募指标完成情况	——	实际招募人数与计划招募人数之比	
		人岗匹配度情况	学历匹配度 专业匹配度 能力匹配度	实际招募到的人员学历、专业、能力方面是否与岗位需求相匹配	
		人员城乡分布情况	——	人员主要集中在县城还是乡镇	

续表

项目	一级指标	二级指标	三级指标	指标内涵	评估方法
政策执行情况的评估	人员培训情况	培训组织情况	岗前培训情况 在岗培训情况 医师见习制度落实情况	岗前培训、在岗培训、医师见习制度是否落实	调研数据与政策目标的对比分析
		培训内容情况	——	培训内容能否满足政策目标	
		培训效果情况	——	培训内容是否实现政策目标	
	人员安置情况	生活安置情况	——	生活安置是否按照政策落实	
		指导帮扶情况	——	“三支一扶”人员是否有专人指导帮扶	
	人员管理情况	定期联系情况	——	管理人员是否定期联系“三支一扶”人员	
		日常管理情况	——	“三支一扶”人员的日常管理和文化生活情况	
		工作安排情况	工作量情况 人员借调情况 人员离岗情况	“三支一扶”人员工作量是否合适，人员借调和离岗情况	

续表

项目	一级指标	二级指标	三级指标	指标内涵	评估方法
政策执行情况的评估	人员考核情况	平时考核情况	——	平时考核是否落实	调研数据与政策目标的对比分析
		年度考核情况	——	年度考核是否落实	
		期满考核情况	——	期满考核是否落实	
	待遇落实情况	生活补贴的发放情况	生活补贴的发放水平 生活补贴足额发放情况 生活补贴发放的及时性	生活补贴的发放水平高低、是否足额和及时	
	保险落实情况	——	——	是否购买了相关政策中规定的保险	
	期满就业政策的执行情况	加分类优惠政策的执行情况	——	是否实行加分类优惠政策以及政策执行的程度	
		事业单位聘用类优惠政策	——	是否实行事业单位聘用类优惠政策以及政策执行的程度	
		公务员招录类优惠政策	——	是否实行公务员招录类优惠政策以及政策执行的程度	
		创业类优惠政策	——	是否实行创业类优惠政策以及政策执行的程度	

一、计划指标分配的执行情况

如前所述，虽然湖北省2011—2015年期间计划招募指标数在全国排名靠前，但仍然无法满足基层旺盛的人力需求。以2015年为例，各市县上报的需求量达到了3000多人，但计划指标只有1250个。为提高指标分配效率，湖北省人力资源与社会保障厅(简称省人力资源和社会保障厅，下同)根据各市(州)岗位需求及工作情况、历史数据等，对指标进行分解，经省“三支一扶”工作领导小组会议充分讨论通过后下达选拔计划指标到各市(州)，各市(州)在组织报名前将指标分解到县(市、区)。指标分配中主要遵循3个倾斜性原则：第一，向紧缺政策倾斜；第二，向贫困地区、山区倾斜；第三，向就业率、工作完成好的地方倾斜。

(一)指标的地区分布情况(见表27)

以2015年为例，湖北省共计划招募1250名“三支一扶”人员，其中12人未上岗，101人处于拟招募状态，实际上岗1137人。在16个市(州)中，计划招募人数最多的分别为恩施州、宜昌市、襄阳市、十堰市、咸宁市、孝感市。从地理位置来看，主要集中在鄂西北和鄂东北地区(如图4所示)，而武汉市、黄石市和省直辖行政单位招募的“三支一扶”人员数量较少。

表27　**湖北省各市(州)“三支一扶”计划招募人数分布(2015年)**

地区	总数	支农	支医	扶贫	水利	就业和社会保障服务平台	其他
恩施州	162	24	14	29	16	55	24
宜昌市	144	26	26	21	14	39	18
襄阳市	131	27	25	12	13	42	12
十堰市	122	16	6	15	15	52	18
咸宁市	106	34	6	7	11	33	15

续表

地区	总数	支农	支医	扶贫	水利	就业和社会保障服务平台	其他
孝感市	105	22	14	13	8	42	6
黄冈市	96	16	12	9	13	30	16
荆门市	57	16	7	4	5	14	11
随州市	57	12	10	1	9	18	7
荆州市	46	14	2	6	6	15	3
鄂州市	44	12	1	3	4	12	12
黄石市	34	3	2	2	3	15	9
省直辖行政单位	25	2	3	0	3	16	1
武汉市	8	2	2	0	0	1	3
合计	1137	226	130	122	120	384	155
所占比例	100%	19.88%	11.43%	10.73%	10.55%	33.77%	13.63%

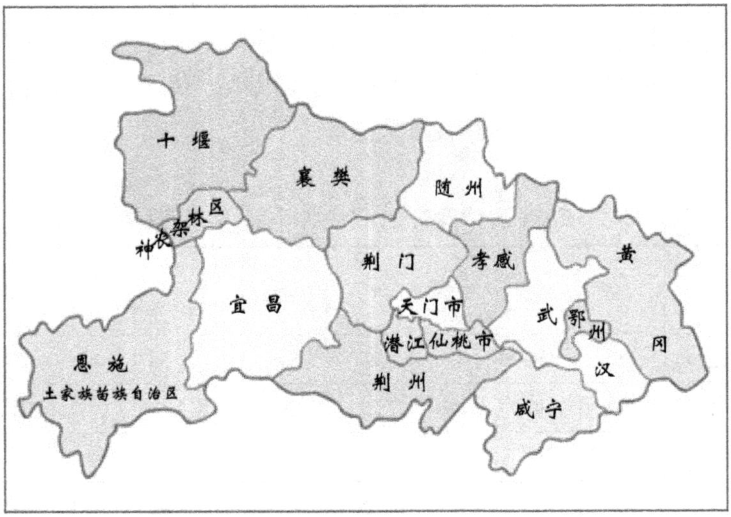

图 4　湖北省计划招募“三支一扶”人员的指标分布地理图(2015 年)

(二)高定薪级市县(区)指标分配情况

高定薪级的地区多为艰苦边远地区，由于经济发展有限，同时也是基层人力资源最为匮乏的地区。湖北省目前有37个高定薪级县(市、区)，分别为利川市、建始县、巴东县、恩施市、宣恩县、来凤县、咸丰县、鹤峰县、郧西县、竹山县、竹溪县、郧县、房县、丹江口市、英山县、罗田县、麻城市、红安县、蕲春县、长阳县、秭归县、孝昌县、大悟县、阳新县、神农架林区、通山县、五峰县、保康县、团风县、远安县、兴山县、当阳市、南漳县、监利县、洪湖市、浠水县、崇阳县。从地理位置可以看出，这37个县(市、区)主要位于湖北边远山区，由于地理位置偏远，在湖北省内属于经济不发达地区。

以2015年为例，以上37个高定薪级县(市、区)共计划招募"三支一扶"人员517名，占湖北省"三支一扶"计划招募总人数的45.5%。其中：恩施市、五峰县、巴东县、大悟县、房县五个县(市、区)计划招募人数最多，但同时，郧西县、阳新县、神农架林区的计划招募人数为零。(详见表28)

表28 湖北省高定薪级的37个县市区计划指标分配情况(2015年)

县(市、区)	指标数(人)	县(市、区)	指标数(人)	县(市、区)	指标数(人)
恩施州利川市	12	十堰市丹江口市	13	宜昌市当阳市	14
恩施州建始县	9	黄冈市英山县	16	孝感市孝昌县	12
恩施州巴东县	29	黄冈市罗田县	7	孝感市大悟县	29
恩施州恩施市	38	黄冈市麻城市	8	黄石市阳新县	0
恩施州宣恩县	23	黄冈市红安县	9	襄阳市保康县	17
恩施州来凤县	18	黄冈市蕲春县	8	襄阳市南漳县	0
恩施州咸丰县	11	黄冈市浠水县	5	荆州市监利县	6

续表

县（市、区）	指标数（人）	县（市、区）	指标数（人）	县（市、区）	指标数（人）
恩施州鹤峰县	22	黄冈市团风县	7	荆州市洪湖市	8
十堰市郧西县	0	宜昌市长阳县	14	咸宁市崇阳县	9
十堰市竹山县	26	宜昌市秭归县	22	咸宁市通山县	16
十堰市竹溪县	26	宜昌市五峰县	31	神农架林区	0
十堰市郧县	7	宜昌市远安县	7		
十堰市房县	29	宜昌市兴山县	9		

数据分析显示：湖北省较好地落实了“三支一扶”中引导和鼓励高校毕业生到艰苦边远地区就业的政策，将近一半的“三支一扶”招募计划集中在边远贫困地区，尤其是经济条件较差的艰苦边远地区，充分体现了支援边远地区基层事业的政策精神。

二、政策宣传的执行情况

中组部、人力资源和社会保障部等部门颁发的《关于继续做好高校毕业生“三支一扶”计划实施工作的通知》(人力资源和社会保障部发〔2011〕27号)中第二条指出：各地要采取多种形式，充分利用广播、电视、报刊、互联网等多种途径，大力宣传“三支一扶”大学生在基层锻炼成长中的突出事迹，引导和鼓励广大高校毕业生面向基层、面向农村就业，进一步发挥“三支一扶”计划的引领示范作用。

目前，湖北省“三支一扶”的计划宣传渠道主要有：①网页宣传。每年湖北省人力资源与社会保障部门在官方网站上挂出“三支一扶”招募信息，各业务主管人事部门会转登当年“三支一扶”人员招募信息，一些考试网站如湖北省人事考试网也会转登相关信息。②高校宣传。部分用人单位直接在高校进行宣讲，或在高校学生网站上挂出当地"三支一扶"招募信息。③口碑宣传。利用"三支一扶"服务期内的服务人员介绍其他校友参加招募计划。

(一)在校大学生的政策知晓度

数据来源于湖北省部分高校大学生调查问卷，共回收有效问卷352份。其中，大三学生共有198名，占比为56%；调查对象以经济管理类大学生为主，所占比例为65%；64.5%的学生来自农村，35.5%来自城市。

1. 对"三支一扶"计划的知晓度

问卷结果显示：仅1.7%的学生表示非常了解"三支一扶"计划；30%的在校大学生表示知道一些，但不太了解具体政策；65%的大学生表示从没听说过"三支一扶"计划(见图5)。

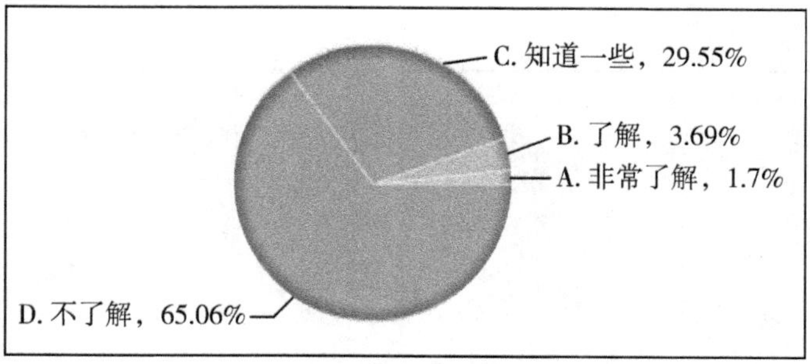

图5　在校大学生对"三支一扶"计划的知晓度

2. 对优惠政策的知晓度

在知晓"三支一扶"计划的在校大学生中，71.6%的学生表示了解"三支一扶"优惠政策。其中，5.7%的在校大学生非常了解，12.2%的学生表示了解，53.7%的学生表示知道一点；另外27.6%的学生表示不了解(见图6)。

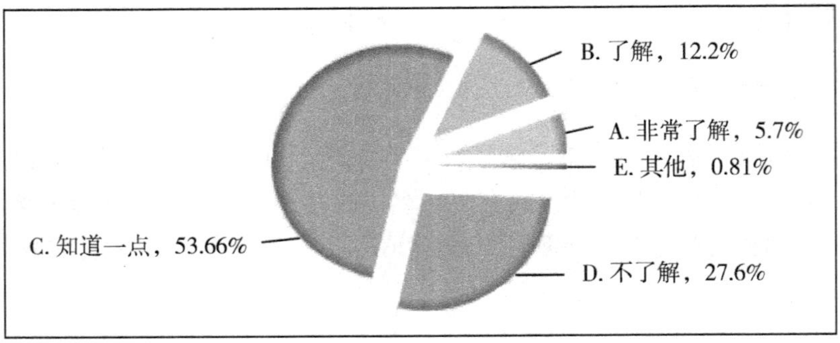

图 6　在校大学生对“三支一扶”优惠政策的知晓度

在表示知晓优惠政策的 71. 6%的学生中，46. 6%的同学认为这些优惠政策对他们有吸引力，14. 8%的同学表示没有吸引力，而其他 38. 6%的同学表示说不清(见图 7)。

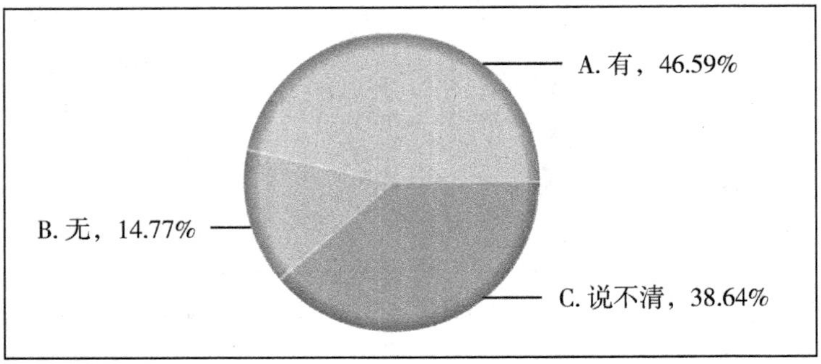

图 7　“三支一扶”优惠政策对在校大学生的吸引力情况

3. 知晓“三支一扶”计划的渠道

问卷调查结果显示，在校大学生了解“三支一扶”计划的最主要渠道是媒体，占 68%；其次是老师和同学，分别占 44%和 41%；亲人提供的相关信息较少，仅占 17%(见图 8)。

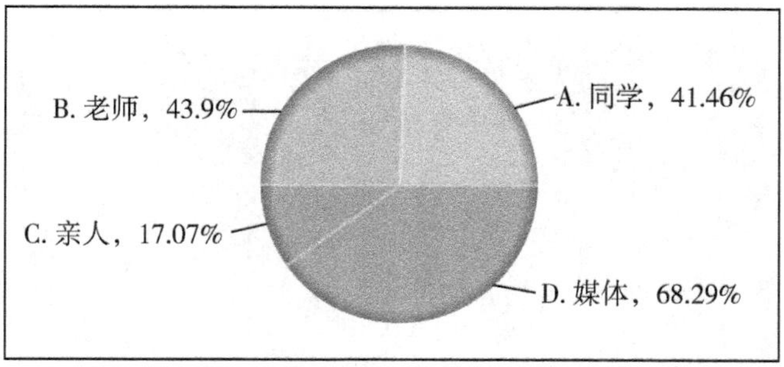

图 8　在校大学生了解“三支一扶”计划的渠道

(二)服务期内“三支一扶”人员的政策知晓度

数据来源于湖北省“三支一扶”人员的调查问卷，共回收有效问卷 211 份，调查对象以 21~25 岁人群为主，所占比例为 89%。其中男性占 40%，女性占 60%；72%在岗，27%服务期满，硕士生占 1%；89%来自本县城镇和农村，10%来自本省外县城镇和农村，0. 9%来自外省。

1. “三支一扶”人员报考时对政策的知晓度

如图 9 数据显示，16%的“三支一扶”人员在报考“三支一扶”计划岗位时，对相关政策很了解，50%的人员比较了解，27%的人员了解一般，5%和 0. 9%的人员分别是不太了解和不了解。总体而言，90%以上的“三支一扶”人员在报考时对“三支一扶”计划比较清楚，是在了解政策内容的基础上报名参加的。

2. 知晓的渠道与时间

从图 10 可以看出，参与调研的 211 名“三支一扶”人员中，62%的是通过网络接触到“三支一扶”计划和相关信息的，41%的是在学校通过老师、同学了解到“三支一扶”计划和相关信息，通过亲朋好友、政府部门和就业与人才服务机构等途径接触“三支一

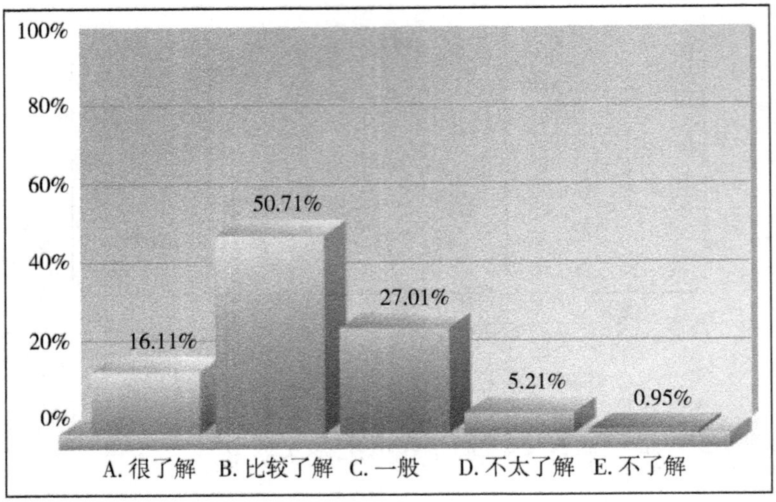

图 9 “三支一扶”人员报考时对政策的了解程度

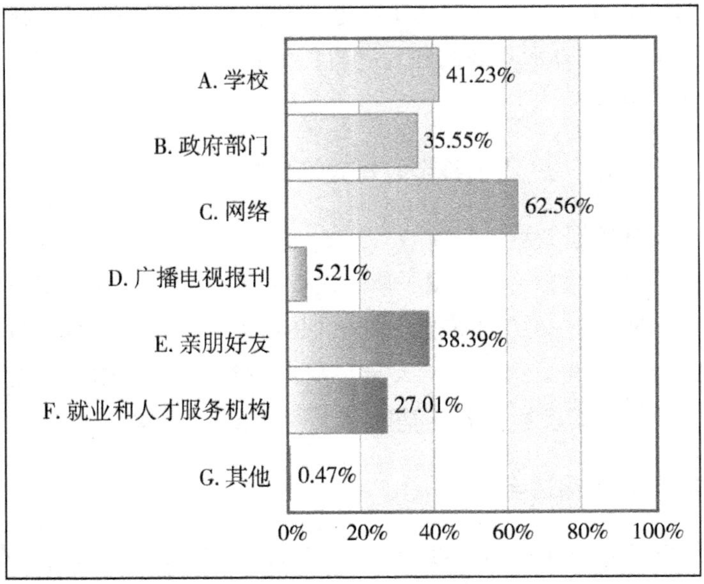

图 10 “三支一扶”人员了解政策的主要渠道

扶”计划的比例也较高，分别为38%、36%和27%。在了解“三支一扶”计划政策的时间方面，67%的“三支一扶”人员是在毕业当年，而在毕业前一年和毕业后一年了解的分别为16%和14%。

数据显示，媒体和高校宣传是目前较为有效的宣传途径，有关部门应结合“三支一扶”服务岗位的人才需求，着力针对应届高校毕业生，加大在相关高校和学院的宣传力度。

三、人员招募的执行情况

(一)计划招募指标完成情况

自2011年第二轮“三支一扶”计划开展至今5年期间，湖北省共计划招募“三支一扶”高校毕业生8840名，实际招募人数为6739名。若按照国家每年计划招募2万名“三支一扶”高校毕业生来看，湖北省2011至2015年期间计划招募的“三支一扶”高校毕业生约占国家总体计划招募的9%左右，与全国其他31个省市(自治区)相比，所占比例较高。尽管如此，湖北省较好地完成了招募计划的总指标。如表29所示，自2012年支教单列后，湖北省“三支一扶”计划总招募规模稳定在1200名左右，除2011年、2012年外，实际招募率均达到100%，较好地完成了招募计划。

表29　**湖北省“三支一扶”人员的计划招募与实际招募人数对比(2011—2015年)**

年份	2011年	2012年	2013年	2014年	2015年
计划招募人数	4000	1150	1200	1240	1250
实际招募人数	1850	1145	1250	1244	1250
实际招募率	46%	99.6%	104%	100.3%	100%

但是，在“三支一扶”计划中，不同服务领域的项目计划招募完成情况不一，以2015年为例，支医、支农均未完成计划招募指

标数，而扶贫、就业和社会保障服务平台、其他(残联和青年事务)均超过计划指标招募数，提示不同项目之间的招募情况严重不平衡，如表30。

表30 湖北省“三支一扶”计划不同项目的招募情况(2015年)

服务领域	总计	支农	支医	扶贫	水利	就业和社会保障服务平台	其他(残联和青年事务)
计划招募数(人)	1250	269	233	109	120	359	160
实际招募数(人)	1250	246	148	151	124	414	167
实际招募率	100%	91%	63%	138%	103%	115%	104%

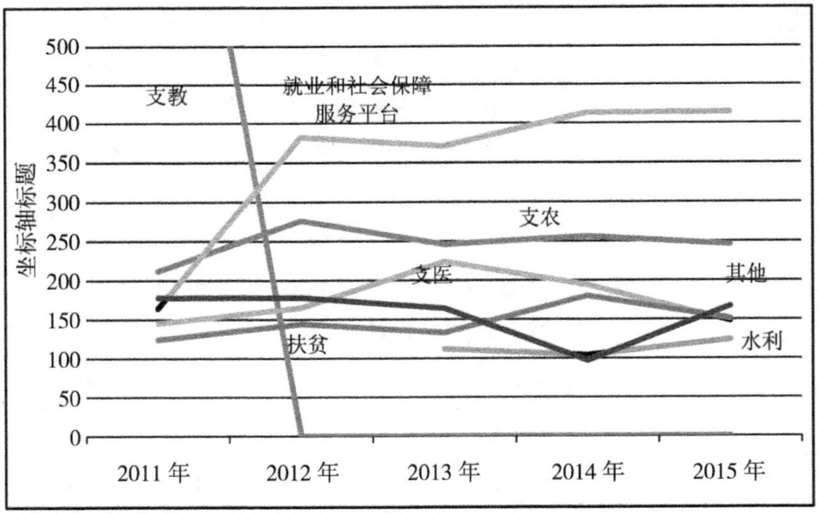

图11 湖北省2011—2015年“三支一扶”人员服务岗位招募人数变化趋势

如图11所示，第二轮“三支一扶”计划中，就业和社会保障服务平台的招募人数呈明显增长趋势，但支医项目自2013年后招募人数明显下降，残联和青年事务项目(其他项目)招募人数自2014年后略有下降，其他项目招募人数较为稳定。

(二)人岗匹配度情况

1. 学历匹配度

调研资料显示，大部分地区的基层事业单位对“三支一扶”人员的学历要求为普通高等院校本科毕业，尤其是县级事业单位，但部分偏远地区、乡镇事业单位或一些紧缺专业要求是专科毕业生即可。从目前的实施情况来看，湖北省招募的“三支一扶”人员的毕业院校以普通高校毕业生为主，所占比例为79%；其次是高职高专的学生，占11%；重点高校和民办高校的学生较少，分别为6%和4%(如图12)。学历层次方面，以本科毕业生为主，所占比例为70%，总体而言，招募到的人员学历层次和毕业院校与基层事业单位的需求基本相符(如图13)。

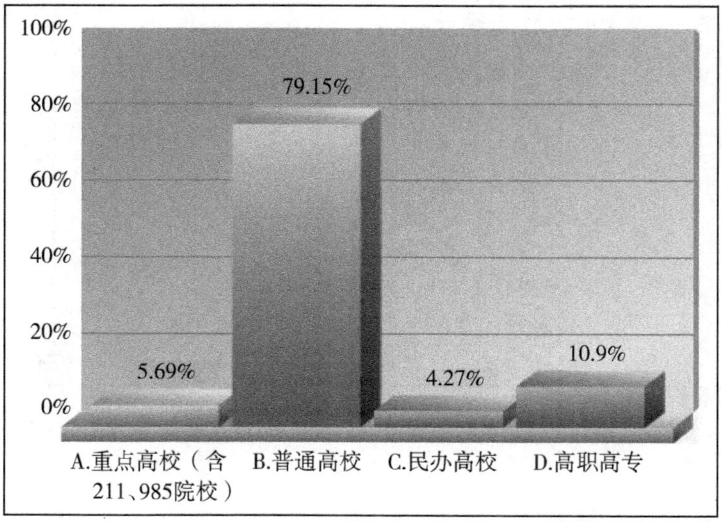

图12 “三支一扶”人员毕业院校情况

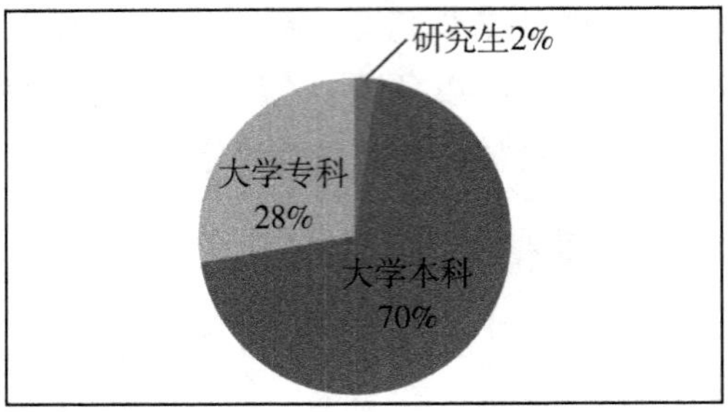

图 13　“三支一扶”人员学历情况

2. 专业匹配度

调研资料显示，基层事业单位需求最迫切的依次为医学类(尤其是临床医学专业)、农林类、水利类专业的毕业生。而在第二轮“三支一扶”人员的专业结构中，管理类、工学类、医学类的数量最多，分别占21%、16%和13%(如图14)。

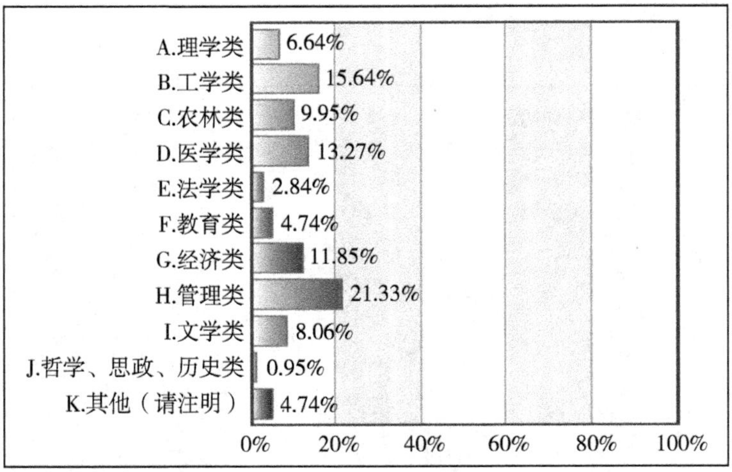

图 14　“三支一扶”人员的专业分布

虽然医学类人员所占的比例仅次于管理和工学类，但是，这些医学类人员包括护理、检验等专业，而需求量最大的临床医学专业，大约占总体需求的70%。但目前的招募情况是，临床医学专业只占支医人员总数的49%左右，初步估计有20%左右的支医岗位与下派的支医人员专业不匹配(如图15)。

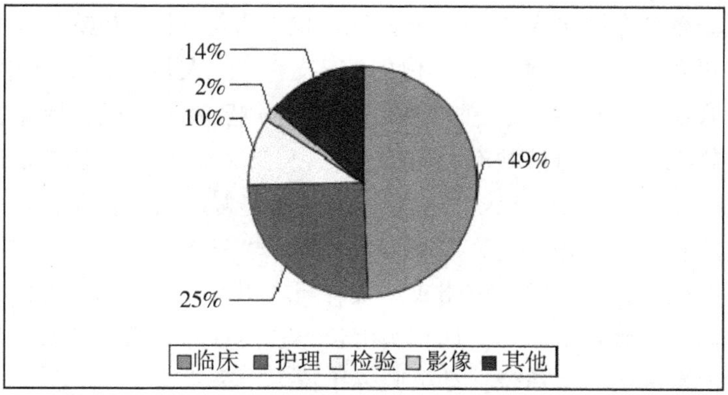

图15 湖北省下派支医人员的专业构成

3. 能力匹配度

调研结果显示，“三支一扶”人员的总体岗位胜任情况较好。用人单位对“三支一扶”大学生的工作适应能力评价较高，66%的服务单位认为“三支一扶”大学生工作适应能力强。另外，90%的“三支一扶”人员认为自己能够胜任服务岗位的工作需求(如图16)。

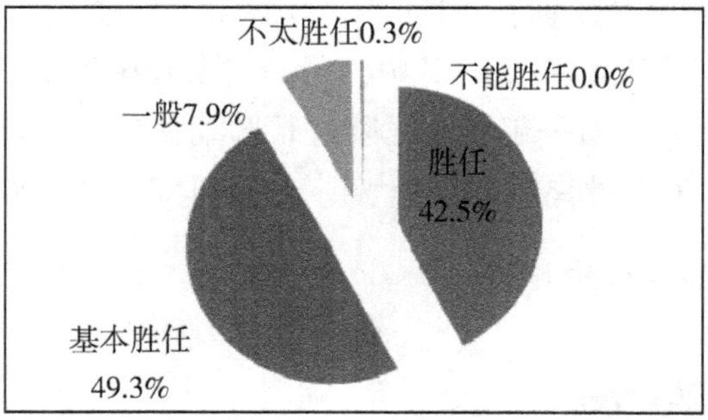

图16 “三支一扶”人员岗位胜任情况

（三）人员城乡分布情况

“三支一扶”计划的目标在于服务基层，为社会主义新农村建设提供人才智力支持。但在实际调查中发现，各地“三支一扶”人员在城乡分布的情况不一。部分地区的“三支一扶”人员主要集中在市州和县城，乡镇事业单位的“三支一扶”人员所占比例很小。如恩施自治州辖恩施、利川两市和建始、巴东、宣恩、咸丰、来凤、鹤峰六县，目前共有“三支一扶”人员200多人，但恩施市就有“三支一扶”人员38人，占全州的19%左右。相比较而言，一般市州或县城的工作条件、待遇较有优势，“三支一扶”人员和服务单位都乐意让他们留在市州或县城。与之相反，也有部分地区将大部分学生放到基层工作，如宜昌市长阳县招募的支医、支农人员全部下放到基层乡镇单位，县级服务单位一个都不留。

四、人员培训的执行情况

“三支一扶”人员的培训分为三种：一是根据国家《关于继续做好高校毕业生“三支一扶”计划实施工作的通知》等文件要求，每年7月份，湖北省人力资源与社会保障厅“三支一扶”工作协调管理办公室统一组织“拟招募”对象进行上岗前的集中培训，培训为期一周左右；二是“三支一扶”人员服务一年后，湖北省人力资源与社会保障厅“三支一扶”工作协调管理办公室会组织对“三支一扶”人员就业技能提升的培训，培训时间一周左右；三是业务培训，由各岗位的业务主管部门负责，其中，明确要求临床医学专业的“三支一扶”人员服务期第一年在县医院进行为期一年的见习培训（医师见习制度），对其他岗位的业务培训没有具体时间的要求。

（一）培训组织情况

1. 岗前培训情况

根据网络版调查问卷的数据反馈，95%的“三支一扶”人员都表示曾经参加过岗前培训，其中76%的表示是由当地政府有关部门组织，7%的表示由学校组织，12%的表示学校和当地政府都组织过。而另外5%的同学则表示学校和当地政府都未组织过(见图17)。

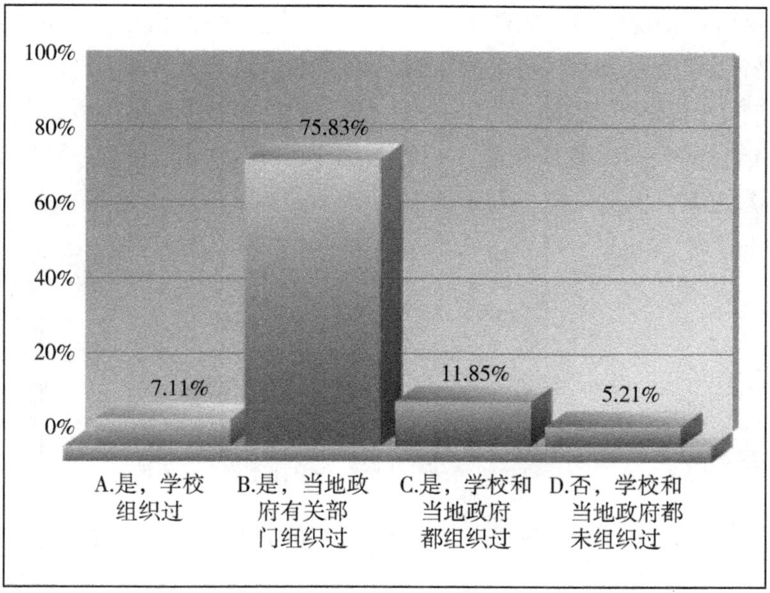

图17　湖北省“三支一扶”人员岗前培训的组织情况

实地调研中发现，部分市县也自行组织了培训，如宜都市人力资源和社会保障局负责人表示，他们每年都会在10月下旬统一组织岗前培训，参加人员包括事业单位新招录人员、村官、“三支一扶”人员等，培训内容包括地方经济管理、法律法规、党风廉政建设、传统教育等。通过岗前培训，能够让“三支一扶”人员更好地了解地方民情民生，也更快的适应工作环境与岗位。恩施州巴东县人力资源和社会保障局负责人也表示每年县里都会在学生到岗时组织半天的培训，内容包括县情、制度等。

2. 在岗培训情况

参加在岗培训的情况方面，69%的“三支一扶”人员表示参加了在岗培训；8%的“三支一扶”人员则是有的年份参加，有的年份不参加；7%的同学表示每年都未参加过在岗培训（如图 18）。根据实地调研情况反馈，大部分“三支一扶”人员每年都能够参加省人力资源和社会保障厅组织的在岗培训，个别地方或单位为“三支一扶”人员提供了在岗培训，如宜昌市长阳县主管单位和各服务单位每年会组织培训业务技能，一年 2~3 次，培训内容是业务技能和业务知识，但这只是个别现象。

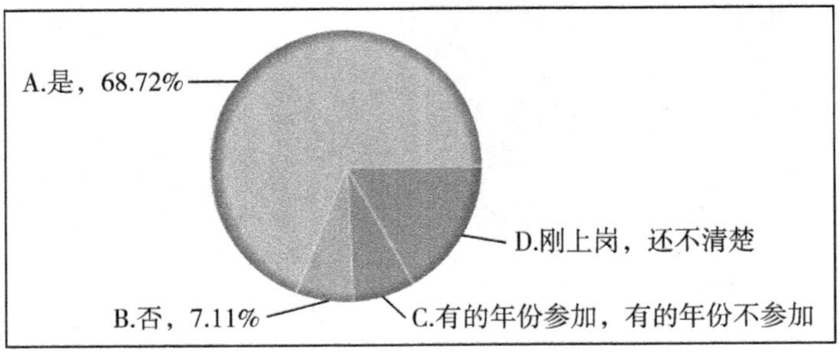

图 18　“三支一扶”人员每年参加在岗培训的情况

在每年都会参加培训的 69%的“三支一扶”人员中，65%的累计参加培训 7~14 天；累计参加 15~22 天及 22 天以上的都占 6%左右；24%的人员参加培训累计不足 7 天（如图 19）。根据意见反馈，参加过培训的人员认为培训时间太短，希望增加培训时间。

3. 医师见习制度落实情况

除了人力资源与社会保障部门组织的集中培训外，按照《湖北省“三支一扶”工作管理办法（试行）》的通知（鄂人社规〔2012〕3 号）第十六条第十七条的规定，支医、基层计生“三支一扶”高校毕业生实行见习制度，一年见习期满考核合格的，由服务县（市、

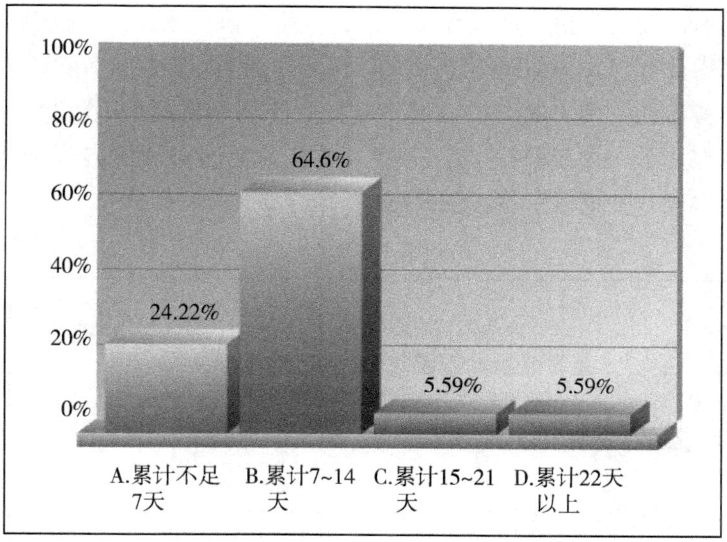

图 19 “三支一扶”人员累计参加在岗培训的时间

区)卫生部门组织参加医师执业资格考试、安排其到基层医疗卫生和人口计生服务机构从事服务工作，见习期包括在两年服务期限内。

但是，调研资料显示：在服务期第一年，大部分临床医学专业毕业生在县医院接受一年的临床转科见习培训，但有部分临床医学专业毕业生没去县医院见习或一直在县医院的一个科室见习，没有很好地执行转科见习培训。如调研中了解到县医院一名支医人员，2011 年从民族学院中西医结合专业毕业后来该院工作，来后就一直在儿童与妇女保健科的儿童保健门诊工作，因科室缺少人手(只有 3 人)就没有去其他临床科室轮转见习，三年中只参加过 1~2 天的短期培训，在其他县级医疗卫生机构中，也不同程度地存在着临床医学专业毕业生见习制度不能很好落实的现象。

(二)培训内容情况

在岗前培训的内容方面，课程主要是针对“三支一扶”高校毕业生需要掌握的理论、知识和政策进行专题培训，促使他们尽快调整心态、转变身份、适应环境。课程包括岗位业务知识与技能、政治思想教育、如何做一名合格的"三支一扶"大学生、新农村建设的形势与任务和当地农村基层建设发展的基本情况(如图20)。调研资料显示，大部分"三支一扶"人员认为岗前培训的内容基本能满足需求，并提供了很大的帮助。

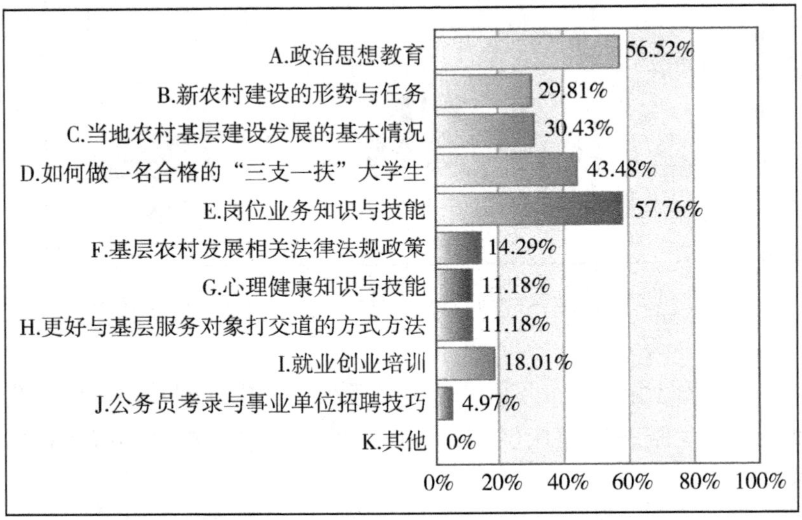

图20　"三支一扶"人员参加培训的内容

在岗培训方面，主要是针对就业技能的提高。以2015年湖北省人力资源和社会保障厅组织的"三支一扶"人员在岗培训为例，培训时间为5天，课程与时间安排得十分紧凑，内容涵盖面较广，既包括党性教育等思想教育，也有工作实用知识与技巧的教育，如青年干部素养与工作技能、沟通技巧等，还有就业技巧的内容，包括公务员考试申论与面试技巧、青年创业及相关政策介绍等(见表31)。同时为了增进"三支一扶"人员之间的交流，有专门的班级活动、心理调试、学习交流等互动活动。

表 31　湖北省第二轮“三支一扶”在岗培训课程(2015 年)

时间	序号	支医	支农	人力资源和社会保障
第一天	1	青年创业成才	青年创业成才	青年创业成才
	2	心理调适	心理调适	心理调适
第二天	3	青年干部素养与工作技能	青年干部素养与工作技能	青年干部素养与工作技能
	4	党性教育	党性教育	党性教育
第三天	5	公务员与干部面试的方法和技巧	公务员与干部面试的方法和技巧	公务员与干部面试的方法和技巧
	6	公务员考试申论写作	公务员考试申论写作	公务员考试申论写作
第四天	7	就业促进政策	就业促进政策	就业促进政策
	8	沟通技巧	沟通技巧	沟通技巧
	9	观看教育片	观看教育片	观看教育片
第五天	10	深化医药卫生体制改革	转型升级中的湖北农业	公文写作

调研资料显示，大部分支医、支农等专业性较强的“三支一扶”人员期满后就业意向是事业单位，准备报考公务员的人员比例极低。但是，在岗培训课程的 10 个主要模块中，有 2 个模块(占 20%)是关于公务员考试的课程，另外有 2 个模块(占 20%)是关于青年干部培养和党性教育的，与支医、支农专业的“三支一扶”人员培训需求不相匹配。另外，支医、支农、人力资源和社会保障三个不同服务岗位的培训内容有 90%以上是相同的，如上表所示，只有最后一个课程(占 10%)模块体现了不同服务岗位的需求。问卷调查的结果也显示，“三支一扶”人员希望增加更多的针对不同岗位的工作技能与服务技巧的知识，让培训内容更实用、更务实。

总体而言，目前的在岗培训课程虽然内容丰富、形式多样，但没有结合不同服务岗位的就业需求，设计出针对不同专业和岗位的课程体系。

(三)培训效果情况

问卷数据显示：50%以上的“三支一扶”人员认为参加省里组织的培训收获很大，对工作有很大帮助；34%的人员认为有较大收获，对工作有一定帮助；15%的人员认为一般；1%的人员认为没有明显的收获(如图21)。从总体上来看，参加培训对“三支一扶”人员的工作开展帮助较大。

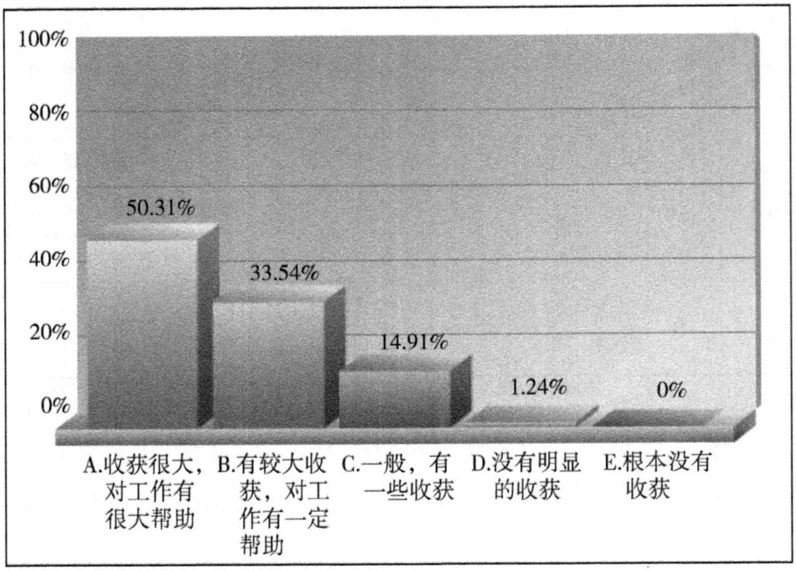

图21　“三支一扶”人员参加培训的收获

但是，调研资料同时显示，相当比例的“三支一扶”人员希望能增加业务培训的比例。目前的“三支一扶”人员的业务培训主要是各业务主管部门和地方“三支一扶”管理部门负责，各地执行情况不一，有条件的地区组织了一些业务培训，但大部分地区的“三支一扶”人员没有参加业务培训。用人单位表示希望省里能加大对“三支一扶”人员的培训力度，因为基层条件有限，没能力组织培训。

五、人员安置的执行情况

中组部、人力资源和社会保障部等八部门下发的《关于继续做好高校毕业生“三支一扶”计划实施工作的通知》中明确指出：“三支一扶”大学生的管理服务工作坚持“谁受益、谁负责”和培养与使用并重的原则。各级在现有“三支一扶”工作协调管理机制的基础上，不断健全相关制度，采取动态督查、定期总结等多种形式，使管理服务工作制度化、规范化、信息化。县级“三支一扶”工作管理部门要做好新招聘大学生的报到接洽工作，指导、督促服务单位安排好“三支一扶”大学生的住宿及日常生活，积极提供业务培训，为他们开展工作创造条件、提供方便。

（一）生活安置情况

在“三支一扶”人员的基本安置方面：根据实地调研和访谈了解的情况，几乎所有“三支一扶”服务单位都表示为“三支一扶”人员解决了食宿问题。访谈中发现“三支一扶”人员以本地人为主，许多就近住在家中，外地人员都由单位为其安排住宿，部分市县为他们提供了住房补贴；在就餐问题上，45%的人员反映有午餐福利，40%的人员表示没有午餐福利，其余15%的则不清楚（如图22）。总体而言“三支一扶”人员的食宿问题都得到了很好解决。

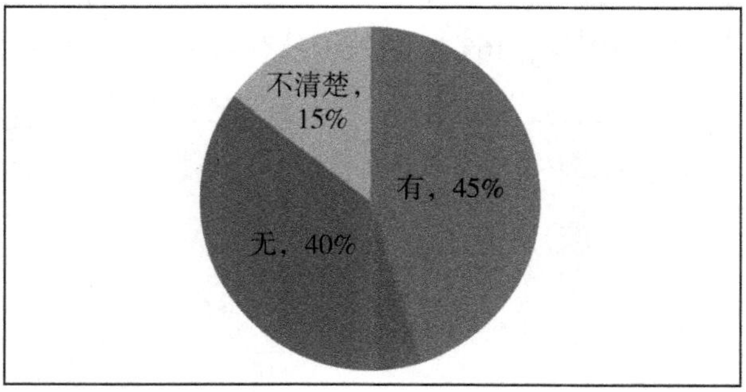

图22　湖北省“三支一扶”人员享受午餐福利的情况

同时，在“三支一扶”人员对生活条件(食宿)安置情况的满意度中，71%的“三支一扶”人员对提供的住宿、饮食等生活基本条件表示满意，其中25%表示很满意，46%表示满意；有17%的“三支一扶”人员认为提供的住宿、饮食等生活基本条件一般；有6%的表示不满意；有7%的表示很不满意(如图23)。

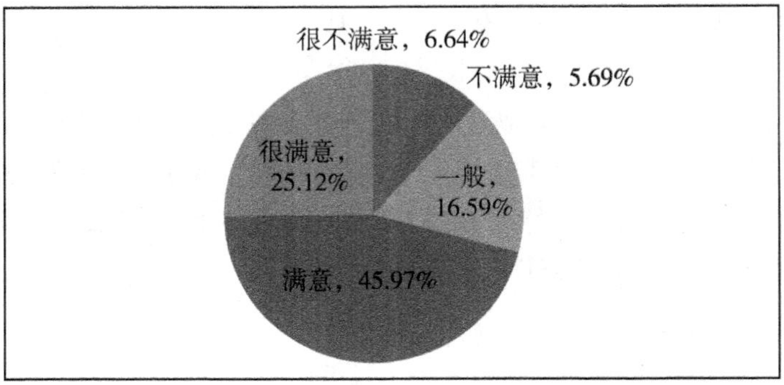

图23　湖北省“三支一扶”人员对生活条件(食宿)的满意度

(二)指导帮扶情况

在对“三支一扶”人员的指导帮扶方面，《湖北省“三支一扶”工作管理办法(试行)》(鄂人社规〔2012〕3号)明确要求：服务期间，服务单位明确专人对“三支一扶”高校毕业生进行传帮带。根据调查数据显示，84%的“三支一扶”大学生表示在服务期间服务单位有安排专人进行指导帮扶，16%的则表示没有人指导帮扶(如图24)。

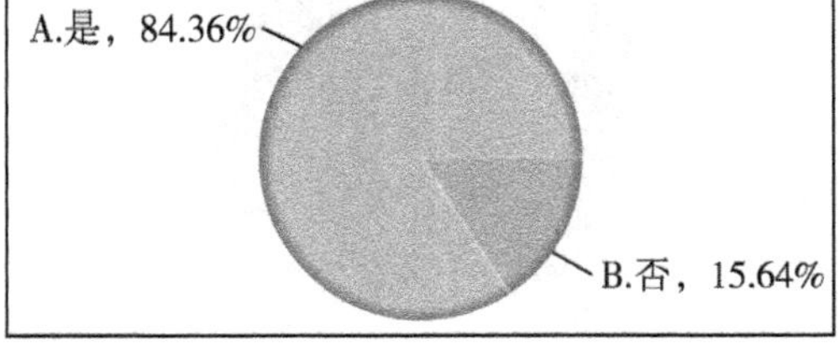

图24　“三支一扶”人员服务期间服务单位安排专人指导帮扶的情况

而在实地调研中，部分地区在对“三支一扶”人员的指导帮扶方面积极主动地开展了各种特色工作，如宜昌市长阳县高家堰镇制定了领导联系人才制度，明确规定了乡镇领导班子成员每人联系一到两个年轻干部培养他们成长，每个年轻干部联系一个具体村，且每年到村里工作时间不少于三分之一，这种层层负责培养的方式起到了良好的指导帮扶作用。

六、人员管理的执行情况

根据《湖北省“三支一扶”工作管理办法(试行)》(鄂人社规〔2012〕3号)的文件要求，“三支一扶”人员的日常管理主要由各县(市、区)“三支一扶”办和各服务单位共同实施。其中，“三支一扶”办主要负责对“三支一扶”高校毕业生的动态管理，指导协调服务单位做好对“三支一扶”高校毕业生的教育、培养、管理和使用工作；服务单位则是主要的负责主体，负责落实“三支一扶”高校毕业生的服务岗位、工作和生活条件、日常管理、培养考核等工作。

(一)定期联系情况

图25是“三支一扶”管理人员与“三支一扶”大学生定期联系情况，从中可以看出，76%的大学生表示“三支一扶”管理人员有与其保持定期联系，了解其工作生活情况；7%的大学生表示不记得；还有17%的大学生则表示“三支一扶”管理人员没有与其定期联系过。

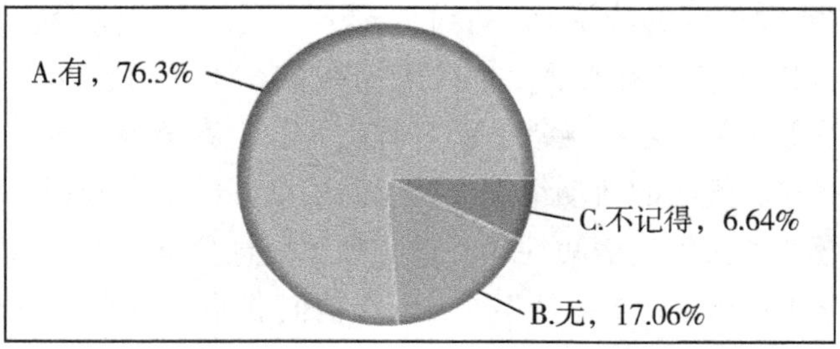

图25 “三支一扶”管理人员定期联系的情况

在76%的表示“三支一扶”管理人员有与其定期联系的大学生中，43%的表示每1~2个月联系一次；29%的表示有事才联系；表示联系频率为3~4个月一次的大学生占17%；还有11%的大学生表示不记得联系频率(如图26)。

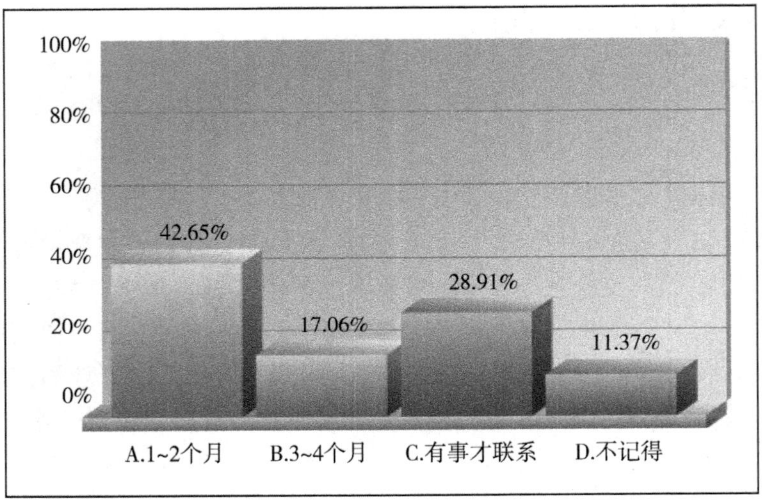

图26 “三支一扶”管理人员定期联系的频率

而在实地调研中发现，各地“三支一扶”办与大学生的联系情况存在一定差距，情况不一。部分地区积极主动地开展了具有特色的工作，如宜昌市长阳县有一位“知心妈妈”，她经常关心和鼓励下到基层的学生，常在QQ群里发布一些考试信息和一些正能量的东西(如北大学生的演讲)，受到了大学生们的一致喜爱；宜都市“三支一扶”办坚持和大学生保持定期联系，还专门慰问外地大学生，团委每年都会组织活动，如茶香女儿会、春游等。通过这些形式多样、充满温暖的活动组织，既起到了良好的上下级指导帮扶作用，也增加了大学生之间的联系，实现了信息分享。但也有部分地区的大学生反映“三支一扶”办很少和他们联系，只有在群里发布通知时才会出现。

(二)日常管理情况

在实地调研中，各基层服务单位都表示没有对“三支一扶”人员进行特殊管理，而是与正式员工同等对待，实行相同的日常管理办法。对“三支一扶”服务单位管理人员的调查数据显示，各服务单位对“三支一扶”大学生落实最好的日常管理服务前三项分别是：了解和把握思想动态；岗位调整，提高岗位适配性；工作和生活条件保障(如图27)。

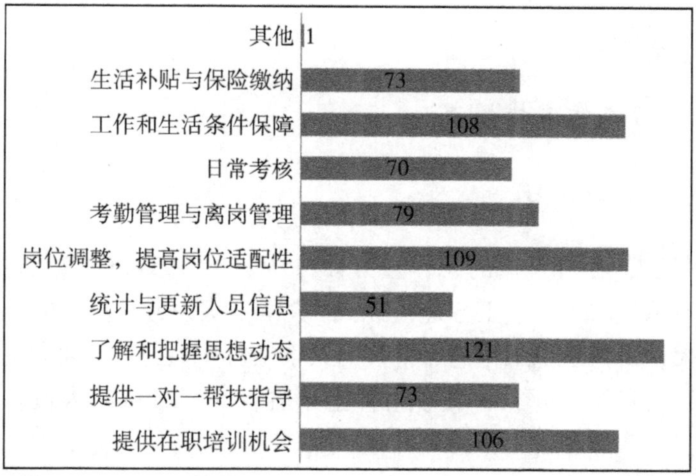

图27　服务单位对“三支一扶”大学生落实日常管理情况

“三支一扶”大学生对用人单位日常管理工作的评价方面：52%的“三支一扶”大学生认为用人单位日常管理工作比较好；45%的大学生认为很好；认为一般的大学生占3%；没有人反映用人单位日常管理工作落实得不好(如图28)。

在文化生活方面，各地情况不一。部分地区开展了丰富多样的活动，如当阳县经常组织周末集体活动，召集“三支一扶”人员、村官、公务员等一起开展活动，如打球、读书会、讲课、联谊、运动等，频率为每月一次。但大部分地区“三支一扶”人员反映工作之余与外界交流少，生活圈子小，信息闭塞，也没有其他的娱乐活

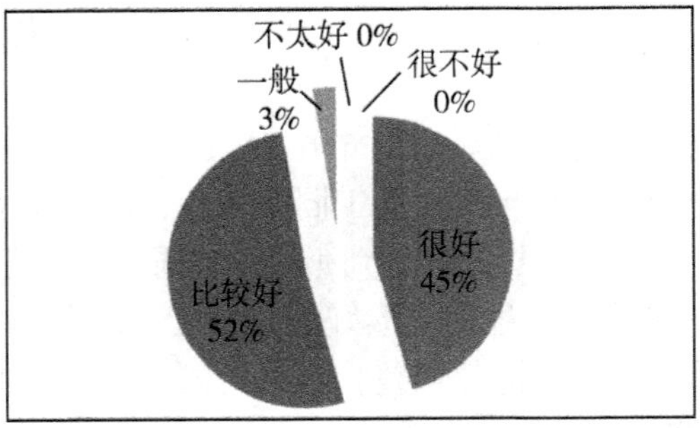

图 28 "三支一扶"人员对所在单位日常管理工作的总体评价

动，生活十分枯燥。

(三)工作安排情况

1. 工作量情况

"三支一扶"人员的工作量方面：53%的"三支一扶"大学生认为其所承担的工作量正合适；37%的大学生认为自己承担的工作量比较大；认为承担工作量非常大的大学生占 9%；1%的大学生认为工作比较轻松(如图 29)。从总体上来看，"三支一扶"人员在基层

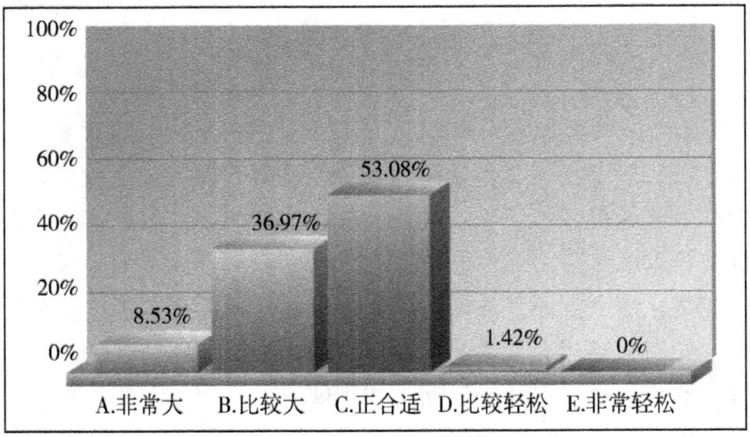

图 29 "三支一扶"人员服务期间的工作量

服务单位所承担的工作量是比较适中的。

2. 人员借调情况

《湖北省“三支一扶”工作管理办法(试行)》中规定，服务期间，“三支一扶”高校毕业生应在基层岗位上服务，原则上不得借用，但在实际工作中部分市县仍存在借调现象。对“三支一扶”大学生的调查中，88%的“三支一扶”大学生表示在服务期间没有过借调经历；但有12%的“三支一扶”大学生有被借调到其他单位帮助工作的经历(如图30)。

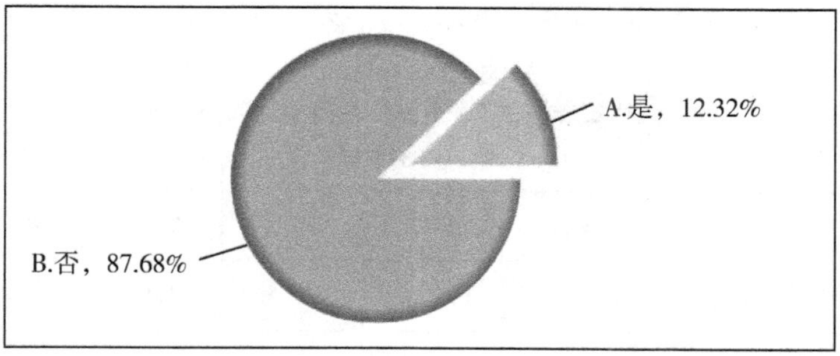

图30 “三支一扶”学生服务期间被借调情况

在实地调研过程中发现，部分市县仍存在借调情况，如孝南区陡岗镇有关人员反映，孝南区采取的是区统一上报“三支一扶”人员计划，乡镇没有渠道和权力进人，统一由区组织部与人力资源和社会保障局招人及分配编制。而陡岗镇已经十多年没有进过新人，干部老龄化现象十分严重。区里经常借调乡镇年轻公务员，乡镇编制的公务员经常“在编不在岗”，同样的，对“三支一扶”人员的借调情况也很普遍。

3. 人员离岗情况

人员离岗现象包括三种情况：上岗前的脱岗、服务期间的离岗、无故离岗。

首先，上岗前脱岗的现象较为严重，增加了工作成本和难度。2015年双向选择会现场签约的约1150人，到岗前培训时就流失了近100人；部分地区反映2014年招募的11人里有7人脱岗，脱岗率高达70%~80%。容易上岗前脱岗的原因在于“三支一扶”计划在6月份进行双向交流，8月份才上岗，而在这期间公务员和事业单位招考结果也已公布，“三支一扶”成为部分学生的后备选择，由于缺乏约束机制，毕业生随时会改变选择，有的毕业生甚至拿到录取通知书后就一去不复返，地方“三支一扶”管理人员多次催促归还录取通知书无果，给后期的补录工作增加了诸多困难。

其次，服务期间的离岗率也不低。如表32和图31所示，

表32 **湖北省“三支一扶”人员服务期间中途离岗人数（2011—2014年）**

年份	总计	2011	2012	2013	2014
总招募人数	6739	1850	1145	1250	1244
中途离岗(人)	1182	240	268	316	358
中途离岗率	18%	13%	23%	25%	29%

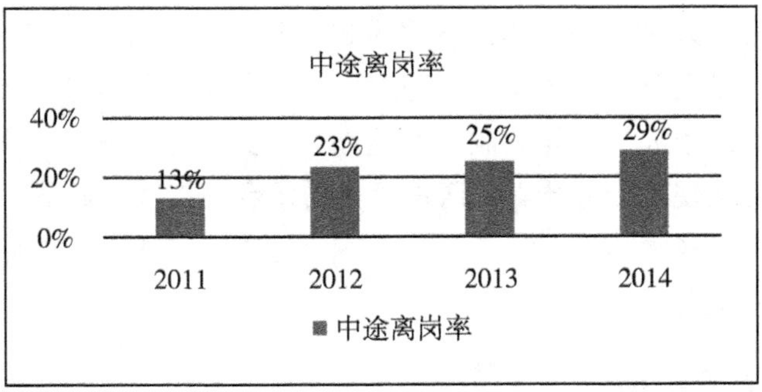

图31 湖北省“三支一扶”人员服务期间中途离岗率(2011—2014年)

2011—2014年间“三支一扶”人员的总离岗率为18%，每年的平均离岗率约22%左右，且近年来中途离岗率呈上升趋势。如孝感市近年来先后共有622人中途离岗，占招募人数的26.5%。

调研资料显示，“三支一扶”人员在服务期间的离岗现象多是参加了公务员考试、事业单位招考，对于这种情况，各服务单位都采取理解和支持的态度。

最后，无故离岗情况较少。无故脱岗是指非中途就业(如考取公务员或事业单位、社会就业等)的原因而导致的离岗现象。据问卷统计，93%的服务单位表示没有出现过“三支一扶”大学生无故离岗现象；6%的服务单位出现过；1%的管理人员对本单位的无故脱岗现象不清楚。而在访谈中也发现，这种无故脱岗现象并不常见，仅有部分地区反映有学生因到基层落差太大无法接受而离岗(如图32)。

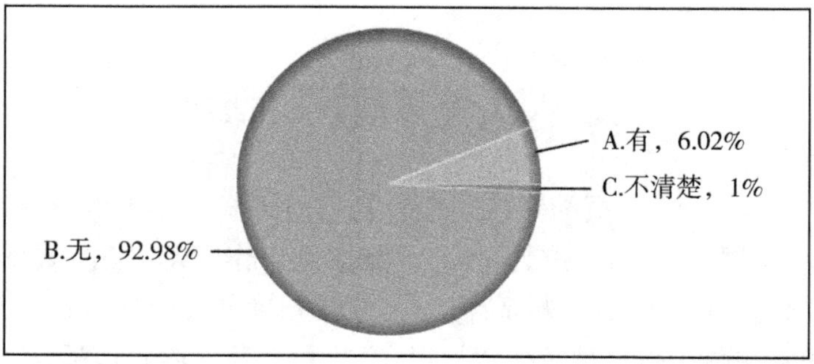

图32　湖北省“三支一扶”人员服务期间无故脱岗现象

当服务单位出现“三支一扶”大学生无故离岗现象时，各单位处理方式及其所占比例分别为：选择及时联系大学生本人的占89%；及时向“三支一扶”办公室上报的占87%；与大学生家人和朋友取得联系的占54%；扣除当月补贴的占28%；记过处分所占比例较少，占3%(如图33)。

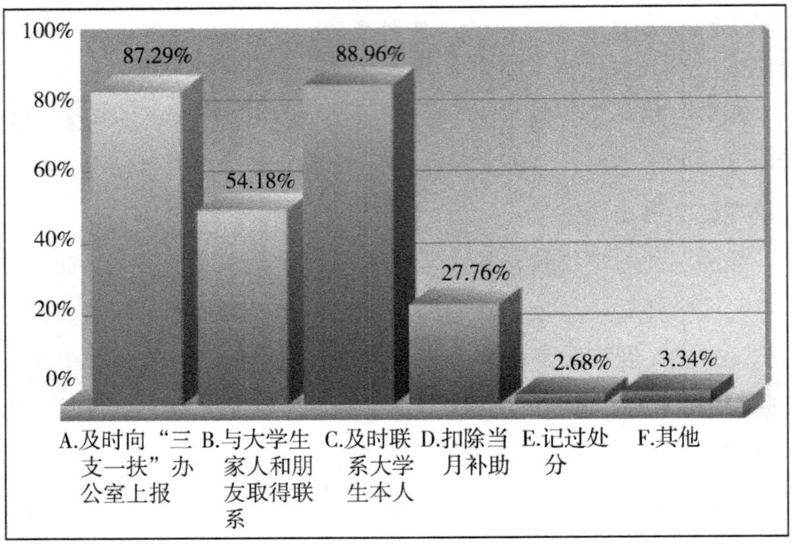

图 33　服务单位对无故离岗现象的处理方式

七、人员考核的执行情况

“三支一扶”人员的考核一般包括平时考核、年度考核和期满考核。根据《湖北省“三支一扶”计划实施工作管理办法(试行)》，服务期间，对“三支一扶”高校毕业生服务情况实行的考核办法参照《事业单位工作人员考核暂行规定》执行。考核内容包括德、能、勤、绩四个方面。平时考核，由服务单位负责组织；年度考核以平时考核为基础；期满考核结合服务第二年年度考核进行，统一由县级“三支一扶”办负责组织，服务单位具体实施。

(一)平时考核情况

按照《湖北省“三支一扶”计划实施工作管理办法(试行)》，“三支一扶”高校毕业生的平时考核是由服务单位参照《事业单位工作人员考核暂行规定》执行。根据《事业单位工作人员考核暂行规定》，平时考核随时进行，由被考核人根据工作任务定期记实，主管领导负责检查。但是，无论是《湖北省“三支一扶”计划实施工作管理办法(试行)》，还是《事业单位工作人员考核暂行规定》，均未规定平时考核的频率。调研资料显示，大多数事业单位的平时考核没有严格执行，“三支一扶”人员的平时考核也大多流于形式。

(二)年度考核情况

根据《事业单位工作人员考核暂行规定》，年度考核以平时考核为基础，一般每年年末或翌年年初进行。但是，由于大部分的事业单位没有严格执行平时考核，年度考核也就没有了平时考核的客观依据。调研资料显示，“三支一扶”人员的年度考核由当地人力资源与社会保障部门参照《事业单位工作人员考核暂行规定》执行，基本都落实了年度考核。同时，各地对“三支一扶”人员的考核方式和组织力度不一，大多数地区的考核方式是通过填写考核表，自我评价和单位领导评价相结合的方式进行，部分地区结合了民主评议和投票表决等方式，考核内容包括德、能、勤、绩四个方面。

宜昌市各县区比较普遍的考核方式是自我总结+民主评议+述职+座谈。其中长阳县先将领导班子分组，对11个乡镇服务单位全部调研一遍作为情况摸底。具体的考核程序包括召开座谈会、自评汇报、同事评价、分管领导评价，一般5~6个座谈会同时进行，并形成考核材料。远安县对留用的“三支一扶”大学生的考核由主管部门组成考核小组，大学生自己述职，单位全体工作人员30人左右进行投票，按照投票结果形成考核结果。

但大多数地区对“三支一扶”大学生的考核方式比较单一，主要通过填写考核表，包括自我评价、同事评价和领导评价等。“三支一扶”办公室也会让用人单位进行填表考核，但有“三支一扶”人员反映这种考核大多流于形式。数据提示，近5年的年度考核中，没有考核不合格的“三支一扶”人员。

调研资料显示：对于考核的内容和方式，52%的“三支一扶”人员表示满意；27%的人员很满意；15%的人员评价一般；不满意和很不满意分别占3%左右(如图34)。

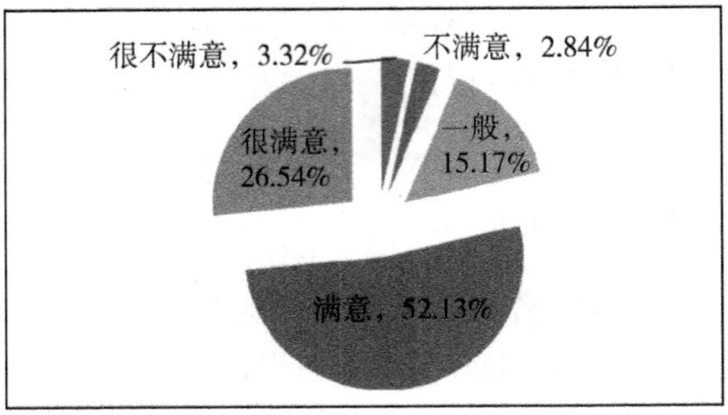

图34 “三支一扶”人员对考核内容和方式的满意度

在参加调查的“三支一扶”人员中，55%的人员对“三支一扶”绩效考核制度的约束作用表示了认可；34%的人员认为有一点作用；还有11%的人员认为绩效考核制度的约束作用不明显，未能充分发挥作用(如图35)。

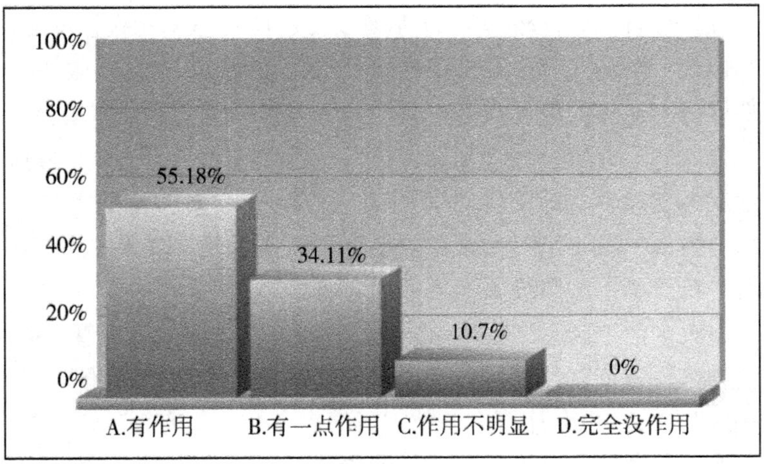

图35 对“三支一扶”绩效考核制度的约束作用的评价

(三)期满考核情况

期满考核都由当地人力资源与社会保障部门负责，考核时间在每年年底，年度考核和期满考核结果要逐级上报省“三支一扶”办，并存入个人档案。考核结果分为优秀、合格、不合格三个等次，其中优秀等次比例需控制在参加考核人数的25%以内。调研资料显示：各地都较好地落实了期满考核工作。

在对“三支一扶”期满考核工作的评价中，绝大部分大学生给予了肯定的评价：47%的“三支一扶”人员认为很好；49%的认为比较好；另外认为期满考核工作一般和不太好的分别占3%和1%(如图36)。

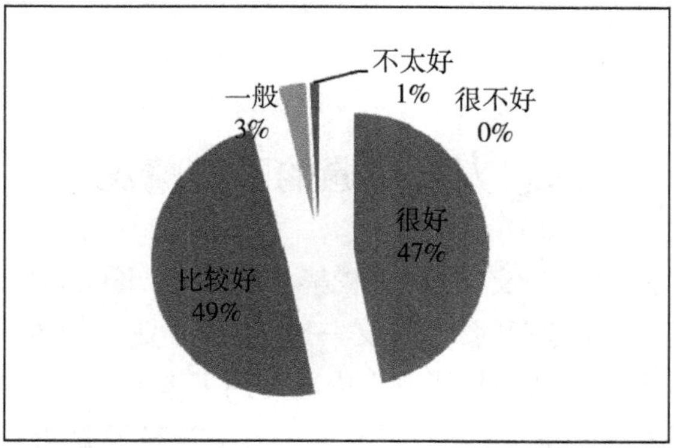

图36　对所在单位“三支一扶”期满考核工作的总体评价

在对“三支一扶”计划的期满考核工作的建议中，“三支一扶”大学生提出的期满考核应该关注的主要内容前五项为：责任心和作风排在首位，其次是考核对象的服务意识与服务精神，接着依次是政治思想表现、专业知识与技能和工作质量(如图37)，这为“三支一扶”计划的期满考核的优化提出了意见与思路。

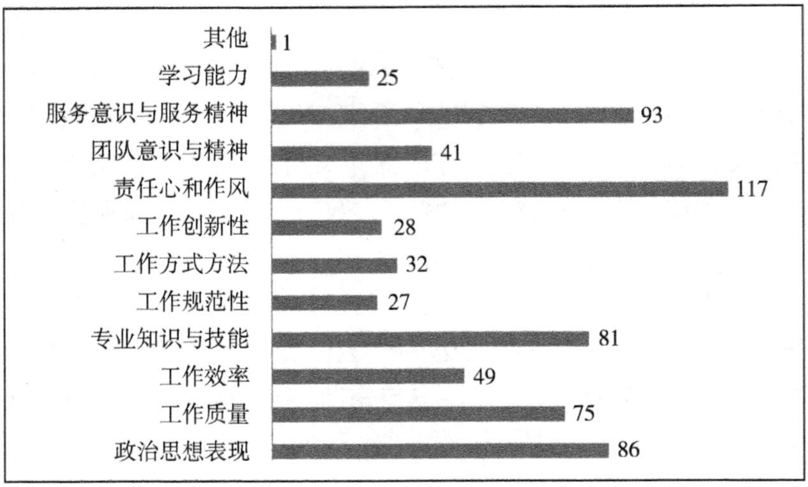

图 37 “三支一扶”大学生期满考核应该关注的主要内容

八、人员待遇的落实情况

按照《湖北省“三支一扶”高校毕业生服务期间和服务期满有关政策的意见》，服务期间，“三支一扶”高校毕业生的生活补贴参照当地乡镇事业单位从高校毕业生中新聘用工作人员试用期满后工资收入水平的标准确定(到 37 个国定、省定扶贫开发重点县与国务院明确的比照西部大开发有关政策的县、市，以及到其他乡镇基层服务的，可按国家和湖北省有关规定高定薪级工资一至两级)，从报到的当月开始，由服务单位会同县(市、区)级人力资源和社会保障、财政部门按月发放，并按当地城镇职工参保办法办理基本养老、基本医疗、工伤、失业和生育五项社会保险，每人每年发放交通补贴并办理大额医疗保险和人身意外伤害保险。生活补贴标准未按程序核定前，应由服务单位先行垫支必要的生活费用，实行多退少补。

(一)生活补贴的发放情况

1. 生活补贴发放的水平

问卷调查显示：湖北省32%的“三支一扶”人员的月平均收入在2000~2500元，年收入可达到25000~30000元，所占比例最高；其次为1500~2000元，占比为23%；月平均工资在2500元以上的共占20%，其中2500~3000元之间的占18%；月平均工资在1500元以下的共占25%，其中1000元以下的占16%。对照国家“三支一扶”的政策来看，月工资1500元以下的年收入不足20000元，未达到国家政策要求(如图38)。

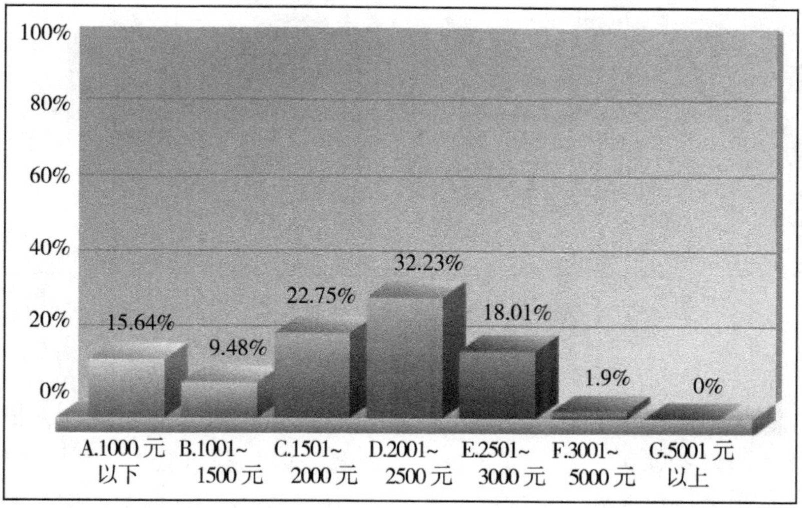

图38　湖北省“三支一扶”人员服务期间平均每月的生活补贴标准

另一方面，“三支一扶”人员的工资水平与本单位相同岗位或类似岗位人员的工资收入水平相比，57%的“三支一扶”人员的工资与本单位相同岗位或类似岗位人员相当；3%的“三支一扶”人员工资略高；还有27%的“三支一扶”人员的工资水平低于本单位相同岗位或类似岗位人员(如图39)。相比起本单位相同岗位或类似岗位人员的工资，“三支一扶”人员的收入与单位新聘人员的工资水平相当或略低，各地基本执行了参照事业单位新进人员试用期工资发放生活补贴的政策。

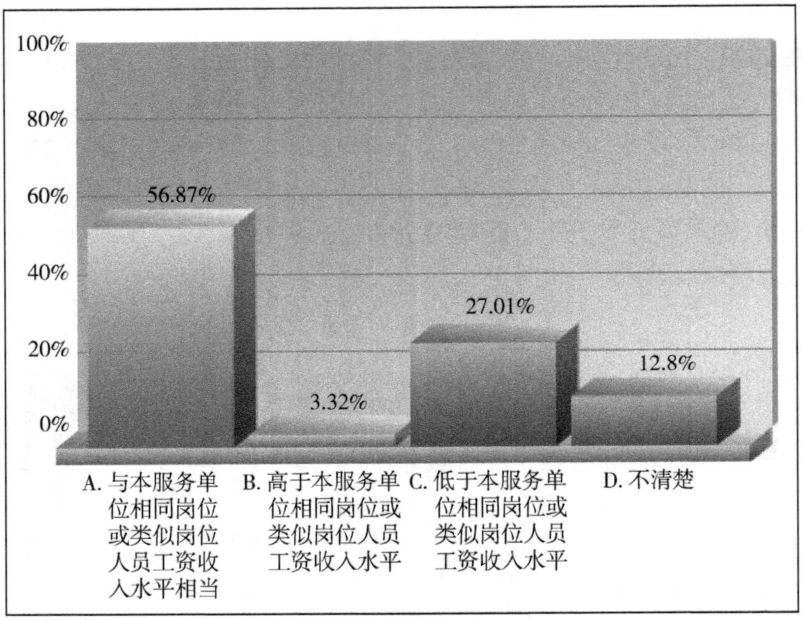

图 39　湖北省“三支一扶”人员与本单位其他人员的工资收入水平对比

但不可忽视的是，各地“三支一扶”人员的收入差距较大，最大差距可达到 2.5 万元。下表是实地调研中部分市县“三支一扶”人员工资待遇水平的数据汇总表，从中可以看出，调研的黄冈、孝感、宜昌和恩施四地都落实了年底考核合格发放 5000 元奖励的政策。而在地方财政的补助方面，宜昌市和恩施州地方财政的补助力度最大，“三支一扶”人员的月工资水平都较高，年收入平均可达到 4 万元；黄冈市的“三支一扶”人员年收入也可达到 3 万～4 万元；相对而言，孝感市地方财政的补贴力度较小，平均每人每年地方财政补助 5000 元左右，与其他地区相比，“三支一扶”人员的月工资水平较低，平均 2000 元左右（如表 33）。

表 33　　湖北省部分市(州)县“三支一扶”人员工资待遇水平比较

市(州)县		人员待遇	
		年收入	月收入
黄冈市	团风县	5 万元	2600 元左右，年终考核 5000 元
	罗田县(贫困县)	3 万~4 万元	2700 元左右，年终考核 5000 元
	浠水县	3 万	1700 元左右，年终考核 5000 元
孝感市	孝南区	3 万元	2300 元左右，年终考核 5000 元
	大悟县	2.5 万元	1600 元左右，年终考核 5000 元
	安陆县(贫困县)	3.2 万元	2700 元左右，年终考核 5000 元
	云梦县	3 万元	2000 元左右，年终考核 5000 元
宜昌市	宜都市	5 万元	2600 元左右，年终考核 5000 元
	远安县(贫困县)	4 万~4.5 万元	3000 元左右，年终考核 5000 元
	五峰县(贫困县)	4.5 万~5 万元	3000 元左右，年终考核 5000 元
	长阳县	3 万元	2000 元左右，年终考核 5000 元
恩施州	巴东县	4 万元	2800 元左右，年终考核 5000 元
	恩施市	4 万元	2900 元左右，年终考核 5000 元
	咸丰县	3 万元	2000 元左右，年终考核 5000 元

2. 生活补贴足额发放情况

根据数据反馈情况，83%的“三支一扶”人员表示生活补助能够足额发放；而剩下的 17%则表示未能足额发放生活补贴，其中 9%的表示偶尔不足额发放，经常不足额发放的占 3.8%，从未足额发放的比例为 4.3%(如图 40)。

调研中，我们注意到，由于各地生活补贴发放标准不一，部分大学生并不清楚是否足额发放，对收入的构成和标准知晓度较低。

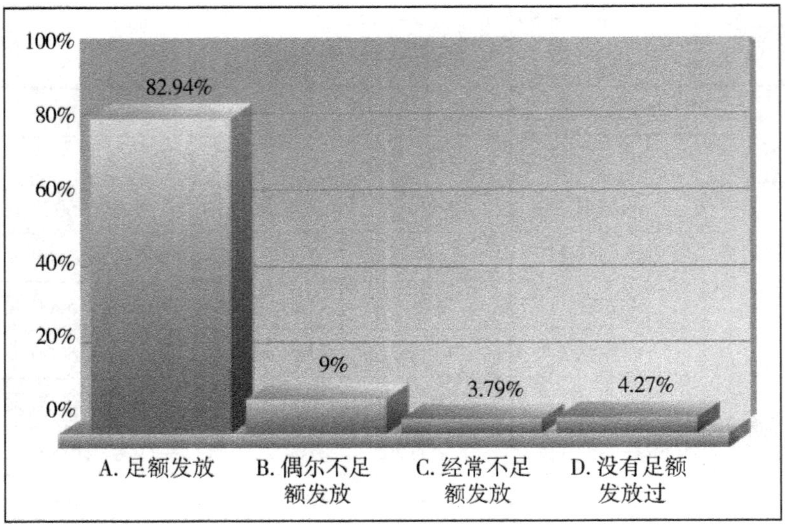

图 40　服务期间人员生活补贴及其他福利待遇的足额发放情况

3. 生活补贴发放的及时性

调查结果显示，78%的“三支一扶”人员表示生活补贴能够及时发放；其他的 22%则表示未能及时发放生活补贴，其中 14%是偶尔不及时发放，经常不及时发放和从未及时发放的比例都为 4%。如十堰市郧西县 2015 年“三支一扶”大学生反映，自 8 月份上岗以来一直没有发放工资。在实地调研中，许多“三支一扶”管理人员表示由于地方财政无力垫付，而国家补助和省级补助发放周期长，导致“三支一扶”人员的工资发放延迟现象很严重，个别市县甚至半年或一年发放一次，大学生反应比较强烈。

(二)保险的落实情况

根据《湖北省“三支一扶”高校毕业生服务期间和服务期满有关政策的意见》，“三支一扶”人员从报到的当月开始，由服务单位会同县(市、区)级人力资源和社会保障、财政部门按当地城镇职工参保办法办理基本养老、基本医疗、工伤、失业和生育五项社会保险，每人每年发放交通补贴并办理大额医疗保险和人身意外伤害保险。

调查资料显示，五项保险的总体落实情况一般。其中，医疗保险、养老保险和工伤保险的落实情况最好，88%的“三支一扶”人员都购买了医疗保险，77%的“三支一扶”人员购买了养老保险，67%的“三支一扶”人员购买了工伤保险；其次是失业保险和生育保险，只有将近一半的“三支一扶”人员购买了失业保险(47%)和生育保险(49%)；落实情况较差的是意外伤害保险和大额医疗补充保险，调查人数中只有不到13%的“三支一扶”人员购买了这两类保险(如图41)。

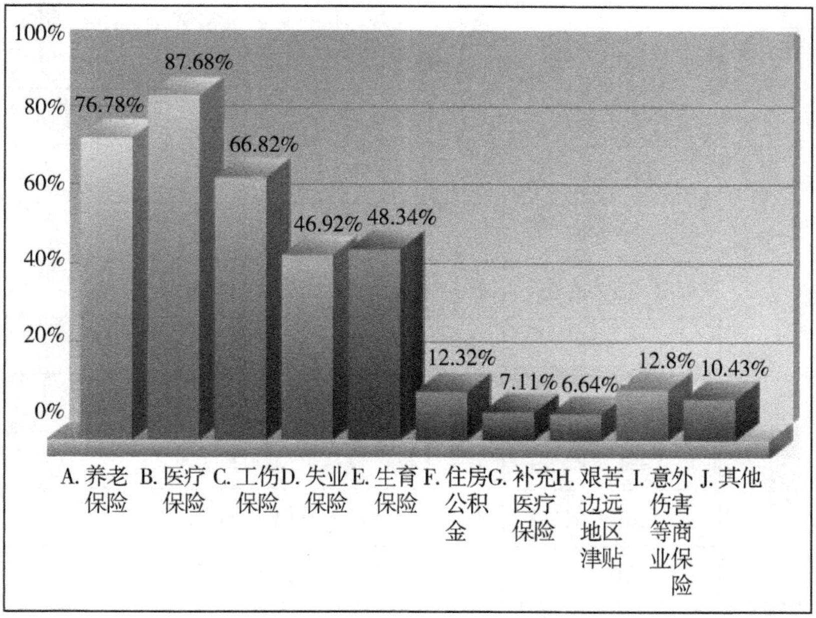

图41　服务期间所享受的保险福利

另外，虽然总体落实情况良好，但不同地区的执行情况仍存在一定差异。如表34所示，宜昌市“三支一扶”人员的医疗、工伤、失业、养老和生育等五险都完全落实，单位为每人承担5000～10000元的保险费用；黄冈市和孝感市部分条件较好的县和服务单位能够落实五险和人身意外伤害险、大额医疗保险。但有些单位只有医疗保险或完全没有为“三支一扶”人员购买保险，如黄冈市罗田县有关负责人表示，他们的正式员工都没有买保险，“三支一扶”人员也都没有买；恩施州对各市县服务单位要求为“三支一扶”人员购买医疗保险，但在具体操作中存在差异，且保险购买率较低。

表34　**湖北省部分市(州)县“三支一扶”人员保险落实情况比较**

市(州)县		保险种类
黄冈市	团风县	五险和人身意外伤害险、大额医疗保险
	罗田县(贫困县)	各单位有差异，扶贫办五险齐全，团县委则未落实
	浠水县	有基本医疗和基本养老保险
孝感市	孝南区	基本医疗保险
	大悟县	无
	安陆县(贫困县)	五险和人身意外伤害险、大额医疗保险
	云梦县	无
宜昌市	宜都市	五险，单位每人承担1万元
	远安县(贫困县)	五险，单位每人负担5000元
	五峰县(贫困县)	五险，单位每人承担7000元
	长阳县	五险，单位每人负担5000元
恩施州	巴东县	仅医疗保险
	恩施市	医疗、工伤、失业、养老保险
	咸丰县	仅医疗保险

资料显示：在保险购买情况方面，“三支一扶”人员的满意度一般。39%的“三支一扶”人员表示满意，27%的表示很满意，认为一般的占18%，还有6%的和10%的表示不满意、很不满意(如图42)。

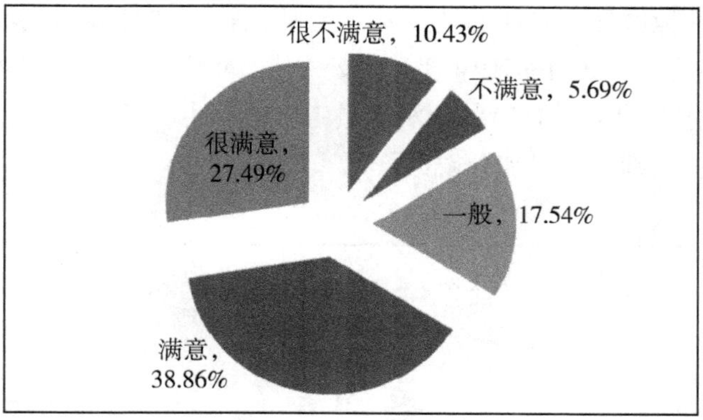

图42　服务期内“三支一扶”人员对保险落实情况的满意度

九、期满就业政策的执行情况

根据《湖北省“三支一扶”高校毕业生服务期间和服务期满有关政策的意见的通知》(鄂人社发〔2010〕36号)的要求，“三支一扶”人员服务期满后的相关政策包括就业服务工作的指导协调、鼓励自主创业和自主择业、加强事业单位对“三支一扶”人员的吸纳、落实报考公务员和事业单位招考加分的相关政策等。其中，事业单位对“三支一扶”人员的吸纳、公务员和事业单位定向招录等相关政策是吸引学生参加“三支一扶”计划的重要因素。

(一)加分类优惠政策的执行情况

加分类优惠政策主要包括：一是各地县以上相关事业单位公开招聘时，对于“三支一扶”服务期满2年且考核合格的高校毕业生，综合科目笔试成绩总分增加 5 分；二是“三支一扶”高校毕业生服务期满后 3 年内报考硕士研究生的，初试总分加 10 分，同等条件下优先录取。

调研中发现，81%的地区实行了事业单位招考加分政策，几乎所有的地区都实行了考研加分政策。即除了部分实施了事业单位定向招聘的地区外，其他的地区基本上都执行了加分类的优惠政策。如图 43 所示，2011—2014 年“三支一扶”人员期满就业的 4014 人中，只有 27 人(占 1%)的期满人员考上研究生，意味着只有 1%的人员真正用到了考研加分政策。

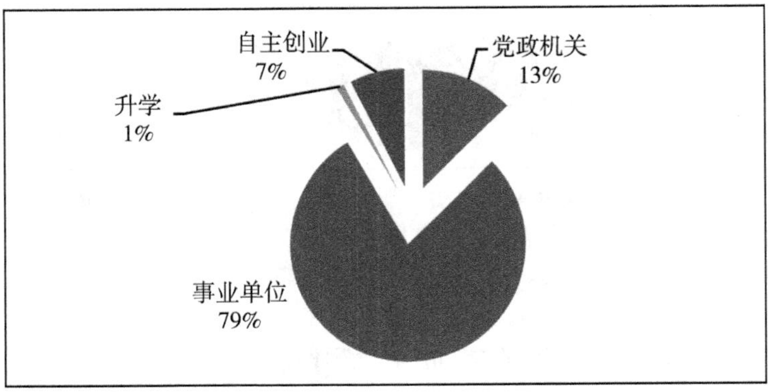

图 43　湖北省“三支一扶”人员期满后就业去向

(二)事业单位聘用类优惠政策的执行情况

“三支一扶”计划中，事业单位聘用类优惠政策主要包括三类：一是空岗优先聘用，即单位相对应的自然减员有空岗时，通过组织考试，同等条件下优先聘用“三支一扶”学生，考试通过后有编制；二是空岗直接聘用，即县、乡各类事业单位，有岗位空缺需补充人员时，可拿出一定岗位通过人力资源和社会保障部门考核直接聘用服务期满考核合格的“三支一扶”高校毕业生，政府批准后直接转为编制内人员；三是事业单位定向招聘，即专门针对“三支一扶”大学生的专场招聘和考试，定向招聘和加分优惠措施不同时实行。

从图44可以看出，31%的地区实行了事业单位定向招聘的政策，17%的地区实行了空岗优先聘用政策，但是，只有3.7%的地区实行了空岗直接聘用政策。

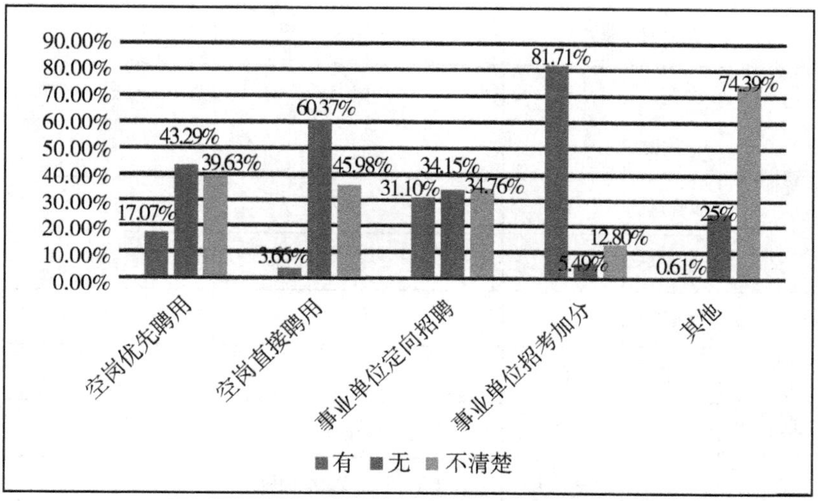

图44 “三支一扶”计划期满优惠政策的实施情况

现场调研资料显示：各市县对定向招聘和空岗优先聘用政策的实施情况各异。在调研的4个地区中，宜昌市期满优惠政策落实情况最好，各县采取定向招聘和直接考核聘用二选一的期满优惠政策，有空岗空编的地区都实行了直接考核聘用，各地反映90%以上的“三支一扶”人员都能落实编制问题；其次是孝感市，在市级事业单位招聘时没有为“三支一扶”人员设置定向招聘指标，但部分县如云梦县在事业单位招聘中实行了定向招聘政策，同时孝南区、大悟县等则落实了直接考核聘用的政策；恩施州全部都采取定向招聘的方式录用“三支一扶”人员，未实行空岗直接聘用政策；而黄冈市定向招聘和考核直接聘用政策都没有实行，其中仅团风县的支医可以实现直接聘用(如表35)。

表 35　　湖北省部分市(州)县期满优惠政策的落实情况

市(州)县		定向招录	空岗直接聘用	事业单位招考加分
黄冈市	团风县	否	否	是
	罗田县	否	否	是
	浠水县	否	否	是
孝感市	孝南区	否	是	是
	大悟县		是	是
	安陆县	否	否	是
	云梦县	是	否	是
宜昌市	宜都市	是	否	是
	远安县	否	是	是
	五峰县	是	否	是
	长阳县	是(扶贫办)	是(乡镇人力资源和社会保障中心、龙舟坪镇)	是
恩施州	巴东县	是	否	是
	恩施市	是	否	是
	咸丰县	是	否	是

访谈资料显示，各地区领导和管理人员对“空岗优先聘用”“空岗直接聘用”有着不同的理解。有一半思想上较为保守的地区拒绝实行“空岗优先聘用”或“空岗直接聘用”政策，具有代表性的几种观点有：一是认为实行“空岗优先聘用”“空岗直接聘用”会有政策风险，除非上级有明文规定，否则不会执行；二是认为“单位有空编时可直接聘用”是部门政策，与《事业单位管理条例》“凡进必考”的法规相冲突；三是认为“空岗优先聘用”“空岗直接聘用”对社会应聘人员和其他基层项目人员不公平，相比而言，社会招聘人员的

心态和素质更符合事业单位需求，因此建议“三支一扶”学生应该通过参加考试入编。

由此看出，各市县对定向招聘和空岗优先聘用政策的实施情况各异，不仅是编制紧张等客观原因所致，而且还是领导层出于规避政策风险、招募的公平性以及招募偏好等主观原因所导致的。

（三）公务员招录类优惠政策的执行情况

根据《中组部、人事部、教育部、财政部、农业部、卫生部、国务院扶贫办、团中央关于组织开展高校毕业生到农村基层从事支教、支农、支医和扶贫工作的通知》（国人部发〔2006〕16 号），考试录用公务员时，将拿出部分职位定向招录“三支一扶”服务期满考核合格的高校毕业生。

调研资料显示，目前湖北各地区基本都实行了公务员定向招录类优惠政策，从 2011—2014 年“三支一扶”人员期满就业情况来看，有 13%的期满人员的去向是党政机关，说明公务员定向招录的优惠政策使用率一般，主要是因为公务员定向招录的岗位数量比较少，能用得上这项优惠政策的人员非常有限。

（四）创业类优惠政策的执行情况

根据《中组部、人事部、教育部、财政部、农业部、卫生部、国务院扶贫办、团中央关于组织开展高校毕业生到农村基层从事支教、支农、支医和扶贫工作的通知》（国人部发〔2006〕16 号），服务期满自主创业的“三支一扶”人员，可享受行政事业性收费减免、小额贷款担保和贴息等有关政策。

调研资料显示，目前湖北各地区基本实行了创业类优惠政策，但是政策的使用率很低，2011—2014 年“三支一扶”人员期满就业的 4014 人中，只有 7%的期满人员的去向是自主创业，说明目前创业类优惠政策的使用率不高。访谈中了解到，在国家经济增长减速的大背景下，基层创业的难度比较大，“三支一扶”人员大多没有经商经验，加上缺乏相关人士指导，创业失败率较高。

十、评估结果与政策建议

这一部分主要对湖北省第二轮“三支一扶”计划的政策宣传、指标分配、人员招募、组织培训、人员安置、日常管理、考核评优、待遇保险和期满就业等九个方面的政策落实执行情况进行了评估。在这五年的计划实施过程中，湖北省既取得了一定成绩，但也仍存在一些不足，本书针对这些不足提出了一些指向性意见。

（一）评估结果

1. 计划指标分配方面

湖北省较好地执行了“三支一扶”中引导和鼓励高校毕业生到艰苦边远地区就业的政策，“三支一扶”的计划指标主要分布在鄂西北和鄂东北地区，将近一半的计划指标集中在边远贫困地区，尤其是经济条件较差的艰苦边远地区，充分体现了支援边远地区农村基层建设的政策精神。

2. 政策宣传方面

总体而言，在校大学生对“三支一扶”计划的知晓度和认知度较低，提示湖北省“三支一扶”的政策宣传力度还有待进一步加强，尤其是需要着力针对应届高校毕业生，加大在相关高校和学院的宣传力度。

3. 人员招募方面

湖北省计划招募指标总体完成情况较好，但不同服务领域计划指标招募的完成情况不一，支医项目计划招募完成率较差。在人岗匹配度方面，“三支一扶”人员的学历和毕业院校基本能满足基层事业单位的需求，但是专业的匹配度呈现两级分化现象。专业性要求较高的岗位人岗匹配度较差，以支医岗位最为严重，其次为支农和水利岗位，而对专业性要求不高的岗位人岗不匹配现象不明显。

在人员的城乡分布方面，各地执行情况不一。部分地区的“三支一扶”人员主要集中在市州和县城的事业单位，乡镇事业单位的“三支一扶”人员很少，但也有地区的执行情况较好，“三支一扶”人员全部下到乡镇事业单位。

4. 人员培训方面

培训组织方面，省人力资源和社会保障厅组织的岗前培训和在岗培训的落实情况较好，但是，业务培训的落实情况各地不一，支医的见习制度落实情况不容乐观；培训内容方面，目前的培训课程基本能满足大多数“三支一扶”人员的需求，但没有体现专业和岗位的差异性；在培训效果方面，大部分“三支一扶”人员认为参加省级人力资源和社会保障部门组织的培训对工作很有帮助，能收到良好的效果。

5. 人员安置方面

各地对“三支一扶”人员的生活安置落实情况较好，大部分“三支一扶”人员在服务期间服务单位有安排专人进行指导帮扶，但是，仍有16%的人员表示在服务期间服务单位没有安排专人进行指导帮扶。

6. 人员管理方面

大部分地区“三支一扶”管理人员能够积极与大学生保持联系，大多1~2个月联系一次，部分地区积极主动地开展了具有特色的工作和文化活动。服务单位一般都将“三支一扶”人员纳入正式员工日常管理范畴，“三支一扶”人员对日常管理工作的满意度较高；在工作安排方面，“三支一扶”人员在基层服务单位所承担的工作量比较适中；大部分“三支一扶”人员表示在服务期间没有过借调经历，但仍有12%的“三支一扶”大学生表示有被借调到其他单位帮助工作的经历。另外，上岗前脱岗率(9%左右)和中途离岗率(8%左右)较高，增加了工作成本和难度，无故离岗的现象较为少见。

7. 人员考核方面

大多数事业单位的平时考核没有严格执行，"三支一扶"人员的平时考核也大多流于形式，年度考核和期满考核方面落实情况较好，"三支一扶"人员对考核内容与方式、考核制度的约束作用和期满考核工作的满意度比较高。

8. 待遇落实方面

湖北省各地基本落实了参照事业单位新进人员试用期工资发放生活补贴的政策，大部分地区的生活补贴能够足额及时发放。月收入2000~2500元(年收入为25000~30000元)的"三支一扶"人员占比最高，与单位新聘人员的工资水平相当或略低，但是，各地"三支一扶"人员的收入差距较大，最大差距可达2.5万元。另外，保险总体落实情况一般，大部分"三支一扶"人员落实了医疗保险、养老保险和工伤保险，其他几个险种的落实情况较差。

9. 期满就业政策方面

各地基本都实行了事业单位招考和考研加分政策、公务员定向招录政策和创业优惠政策，但是，公务员定向招录政策和创业优惠政策的使用率很低。在事业单位招聘类优惠政策方面，各市县对定向招聘和空岗优先聘用政策的实施情况各异。31%的地区实行了事业单位定向招聘的政策，17%的地区实行了空岗优先聘用政策，但是，只有3.7%的地区实行了空岗直接聘用政策。

总体评估结果："三支一扶"计划指标分配的执行情况良好；政策宣传的政策执行情况中等；人员招募的政策执行情况良好；人员培训情况的政策执行情况良好；人员安置的政策执行情况优秀；"三支一扶"人员管理的政策执行情况优秀；"三支一扶"人员考核的政策执行情况中等；待遇落实情况良好；保险落实情况中等；期满就业政策的执行情况良好。(详见表36)

表 36　　“三支一扶”政策执行情况的评估结果

一级指标	总体评估结果	二级指标	评估结果
计划指标分配情况	++++	指标的地区分布	++++
		高定薪级市县(区)指标分配	++++
政策宣传的执行情况	++	在校大学生的政策知晓度	+
		服务期内“三支一扶”人员的政策知晓度	+++
人员招募情况	+++	计划招募指标完成情况	++++
		人岗匹配度情况	+++
		人员城乡分布情况	+++
人员培训情况	+++	培训组织情况	+++
		培训内容情况	++
		培训效果情况	+++
人员安置情况	++++	生活安置情况	++++
		指导帮扶情况	+++
人员管理情况	++++	定期联系情况	+++
		日常管理情况	++++
		工作安排情况	++++
人员考核情况	++	平时考核情况	+
		年度考核情况	++
		期满考核情况	++
待遇落实情况	+++	生活补贴的发放情况	+++
保险落实情况	++	—	++
期满就业政策的执行情况	+++	加分类优惠政策的执行情况	++++
		事业单位聘用类优惠政策	+++
		公务员招录类优惠政策	+++
		创业类优惠政策	+++

注：优(++++)、良(+++)、中(++)、差(+)四个等级。

(二)存在的问题

1. 高校直接宣传的途径基本中断

调研中发现，不仅在校大学生对“三支一扶”计划的知晓度和认知度较低，高校学生就业工作部门的人员对其知晓度也不高。部分高校学生就业指导工作人员反映，2010年之前，还有“三支一扶”计划的专场招聘会，他们也会积极向学生宣传“三支一扶”计划，但是，2010年后，就业指导中心就没有再布置“三支一扶”计划的宣传工作，目前他们宣传的主要是西部计划、村官计划等基层就业计划，部分工作人员甚至以为2010年支教从“三支一扶”计划中单列后，“三支一扶”计划就不再存在了。这说明“三支一扶”计划目前靠高校学生工作人员的宣传途径基本中断。

2. 不同项目的招募出现二级分化现象

专业性较强的“三支一扶”岗位不仅招募人员困难，勉强招募来的人员人岗匹配度也不高，支医项目最为明显。近年来的计划招募人数一直在下降，计划指标完成率也较低，呈现明显的萎缩趋势。与此同时，就业与社会保障平台的招募人数呈增长趋势，招募时人员竞争激烈。

3. 业务技能方面的培训需求没有得到满足

业务培训的落实情况各地不一，但业务技能方面的培训需求没有得到满足的情况较为普遍，目前的在岗培训内容没有体现专业和岗位的差异性，即使业务主管部门有业务技能方面的培训，但主要是针对在岗正式职工的业务技能培训，“三支一扶”人员很多没有机会参加。另外，支医项目中的见习制度落实情况也不乐观。

4. 人员的平时考核大多没有落实

无论是《湖北省“三支一扶”计划实施工作管理办法(试行)》，还是《事业单位工作人员考核暂行规定》，均未规定平时考核的频率。调研资料显示，大多数事业单位的平时考核没有严格执行，“三支一扶”人员的平时考核也大多流于形式，无法为年度考核和期满考核提供客观的依据。

5. 各地人员的收入差距较大

调研资料显示，目前湖北各地“三支一扶”人员的收入最大差距可达2.5万元，而部分地区的“三支一扶”人员总收入也就2.5万元，收入相差将近1倍，较大的收入差距也引起服务期内“三支一扶”人员的较大不满，待遇收入是人员满意度中得分最低的选项。

6. 人员离岗率相对较高

2011—2014年间，“三支一扶”人员的上岗前脱岗率大概在9%左右，中途离岗率为18%，且有逐年上升趋势。“三支一扶”作为志愿服务项目，招募方式主要是双向选择，签订服务协议，对离岗人员没有硬性约束。特别是在招募环节，容易出现已被录用的学生不去报到、另谋高就的情况，离岗率高，而真正想到基层服务的学生因为指标限制未能如愿而不得不另谋出路。虽然在后期也会进行补录，但由于大部分学生已经就业，生源质量和数量都有限，只能降低条件要求，造成部分岗位空缺，招募学生的质量也有所下降。

7. 对各地政策执行的情况监管不足

无论是在培训考核，还是在待遇政策的落实方面，各地对政策的执行情况差异较大。对“三支一扶”计划比较重视的地区，培训考核、待遇政策均落实得较好，甚至积极探索“三支一扶”计划执行的各种方式，“三支一扶”人员的满意度相对较高。而对“三支一扶”计划不太重视的地区，无论是当地的领导意识，还是政策执行水平，均与其他地区存在较大差距。但是，对各地政策执行情况的监管，目前主要是靠各地汇报和实地抽样调研的方式进行，虽然有“三支一扶”学生QQ群等信息反馈渠道，但缺乏一个规范化和制度化的信息反馈系统，省级人力资源和社会保障部门不能及时全面掌握各地政策执行的情况，进行全面细致的监管难度较大。

（三）政策建议

1. 重建高校直接宣传的途径，有针对性地加大宣传力度

数据提示：除了网络媒体外，高校宣传和同学口碑相传仍是目前较为有效的宣传途径。鉴于目前高校直接宣传途径中断的现象，建议有关部门与高校就业指导中心联系，重建高校直接宣传的途径。尤其是一些支农、支医的紧缺专业，应进一步加大在相应高校的宣传力度，在毕业生找工作的时间段，以丰富多样的形式开展有针对性的宣传工作，充分发挥高校在政策宣传方面的作用。

2. 根据人员和工作需求，适当调整培训内容

岗前培训建议增加以下内容：一是心理测试和心理疏导方法，让大学生对基层工作条件和环境有足够的认识，做好心理准备，减少心理落差，对心理测试结果较差的大学生可以提醒当地“三支一扶”管理人员重点关注；二是部分事项的告知，如告知大学生如果培训后仍选择不到岗，那么必须及时告知用人单位，并归还录取通知书，以便用人单位及时了解信息和采取补录措施，减少不必要的指标浪费和工作成本。

省人力资源和社会保障厅组织的在岗培训，建议根据不同的专业特点，适当增加专业技能方面的培训内容。同时，激励地方“三支一扶”办发挥作用，与业务主管部门积极协调，增加业务技能方面的培训力度，并在一定程度上给予支持与监督。

3. 简化补录程序，建立人员离岗的应对措施

“三支一扶”计划具有一定的开放性和灵活性，人员在上岗前和上岗后均可选择离开，无需承担任何责任。针对这种情况，一方

面，建议在岗前培训时加强责任意识教育，至少要告知上岗前或中途离岗需要办理的手续和应尽的义务，尽量降低管理成本。另一方面，建立人员离岗的应对措施，如简化补录程序、建立定向招募计划等。

4. 完善考核机制，加强考核结果的应用

平时考核是年度考核、期满考核以及评优的信息基础。建议制定全省统一的“三支一扶”人员绩效考核方案，规范各地各服务单位的考核程序和内容，制定具体可操作性强的绩效评估指标体系，尤其是加强平时考核的规范化管理，以便为年度考核、期满考核以及评优工作提供客观依据。另外，建议适当拉开年度奖金的档次，充分发挥考核结果的激励约束作用，可以借鉴其他省的绩效考核方案，如云南省“三支一扶”大学生年度考核为优秀的，按150%的比例发放绩效奖励资金；考核为称职的，按100%的比例发放绩效奖励资金；考核为不称职的，不发放绩效奖励资金。

5. 建立政策执行情况的信息反馈系统，完善监管机制

评估结果提示，各地在培训、考核、人员安置、日常管理、待遇落实、期满就业方面的执行情况差异较大。这既与各地领导意识、管理人员的素质有关，也与缺乏一个规范化、制度化的监管机制有关。建议进一步完善“三支一扶”计划的管理系统，在系统里增加对培训、考核、人员安置、日常管理、待遇落实、期满就业等方面的管理情况记录和指标考核，通过建立信息的及时反馈系统，省级人力资源和社会保障部门可以全面掌握各地政策执行的情况，为监管奠定信息基础，并为各地“三支一扶”管理工作的考核提供客观的依据，政策执行情况较好的地区可以在系统内提出表扬，以促进工作积极性。

6. 提供各市(州)县之间的交流平台

在实地调研中发现，各市(州)县对“三支一扶”计划的工作落实情况各有特色，许多政策的落实情况差距较大。建议构建一个地方“三支一扶”计划管理的交流平台，让各地的“三支一扶”管理人员加强交流、分享经验，实现各地方之间的相互帮助和相互监督，协调和推进各地方“三支一扶”计划管理水平的提高。

第五章　湖北省“三支一扶”政策效果的评估

一、“三支一扶”政策效果评估的内涵

（一）政策效果评估的基本思路

一个完整的公共政策实施过程，除了科学合理的政策和有效的执行外，还需要对政策实施以后的效果进行判断，以确定政策的价值，并及时反馈。政策效果是指政策执行后对客体及环境所产生的影响和效果，包括政策预期目标的完成程度、政策的非预期影响、与政策行为相关的各种环境的变化以及投入政策的直接成本和间接成本等。

从类型上讲，效果由两个部分组成：一是目标内效果，即直接效果和潜在结果，反映了政策目标实现的程度；二是目标外效果，即附带效果、意外效果和象征性效果的总和，反映出政策对于所要实现目标之外的环境而产生的效应，即得到的非预期效果。

本书旨在评估“三支一扶”计划的政策效果，主要集中对目标内效果的评估，即是否实现政策预期目标及实现程度。因此，有必要首先回顾政策的历史脉络，梳理出“三支一扶”计划的政策目标。

（二）政策效果评估的概念框架

1. 政策主体与客体

进行政策目标分析，首先要理顺整个政策作用的过程，明确政

策主体、政策客体及其在政策过程中所发挥的作用。

政策主体指直接或间接地参与政策制定过程的个人、团体或组织。本书的政策主体是人力资源和社会保障局、财政局、农业局、卫生局、人口和计划生育委员会(局)、扶贫开发办等执行“三支一扶”计划的相关部门。

政策客体为政策作用的对象，包括直接客体和间接客体。本书中的政策直接客体为“三支一扶”的高校毕业生，间接客体为人力资源和社会保障局、财政局、农业局、卫生局、人口和计划生育委员会(局)、扶贫开发办等在县和乡镇的对应基层机构。

通过政策实施，对政策直接客体所造成的影响和效果是“三支一扶”计划的直接效果，对政策间接客体也就是终极作用对象所造成的影响是政策的潜在效果，而这两部分构成了“三支一扶”计划的政策目标内效果。

2. “三支一扶”计划的根本目标分析

从2006年开始，在国家《关于组织开展高校毕业生到农村基层从事支教、支农、支医和扶贫工作的通知》的指导下，湖北省陆续出台了一系列政策，包括《关于切实做好2008年服务期满“三支一扶”大学生就业服务工作的通知》《湖北省2008年度“三支一扶”计划实施方案》等。

通过对以上政策的解读，结合《国务院办公厅关于加强普通高等学校毕业生就业工作的通知》(国办发〔2009〕3号)和《湖北省中长期人才发展规划纲要(2010—2020)》摘要，本书将“三支一扶”计划的政策目标归纳为以下三点：

(1)缓解就业压力目标：引导毕业生面向基层就业，缓解就业压力；

(2)促进人才培养目标：锻炼毕业生的实践能力，促进基层人才的培养；

(3)基层事业发展目标：补充基层人力资源，提升基层单位服务能力。

3. “三支一扶”计划效果评估的概念框架

综上分析，可以得到湖北省“三支一扶”计划政策效果评估的概念框架：湖北省“三支一扶”计划通过中央组织部、人事部、教育部、财政部、农业部、卫生部、国务院扶贫办、团中央8个政策主体联合对政策的实施，对政策直接客体——“三支一扶”高校毕业生和政策间接客体——上述8个部门基层对接单位发生作用，最终实现引导高校毕业生面向基层就业、促进人才培养和基层事业发展的政策目标，因此，对“三支一扶”政策效果的评估主要是对以上三个目标实现程度的评估。(评估指标体系详见表37)

表37　湖北省第二轮“三支一扶”计划的政策效果评估指标体系

项目	一级指标	二级指标	指标内涵	评估方法
“三支一扶”计划的政策效果评估	缓解就业压力的效果	引导面向基层就业观念的效果 缓解全省就业压力的程度	计划是否引导在校大学生面向基层就业的意愿 招募人数与高校毕业生数量之比	调研数据与政策目标的对比分析
	促进基层人才培养	缓解个体就业压力的效果 个人实践能力培养的效果 基层单位人才储备的效果	期满就业率 个人实践能力是否提高 为基层单位提供更多人才甄别的机会	
	促进基层事业发展	独立当班情况 开展新业务方面 提升基层服务能力方面 人力资源补充的持续性方面	在基层单位独挡一面的情况 为基层单位带去新理念和技术的能力 促进基层服务能力提升 人力资源补充的持续性 对基层事业发展的影响	

二、缓解就业压力的效果评估

缓解就业压力目标的内涵：引导毕业生面向基层就业，缓解高校毕业生的就业压力。

（一）引导面向基层就业观念的效果

在校大学生的问卷调查结果显示，将近45%的在校大学生毕业后愿意进入事业单位和政府机关工作，9%的倾向自主创业，另外37.8%的在校大学生毕业后选择进入企业工作（如图45）。

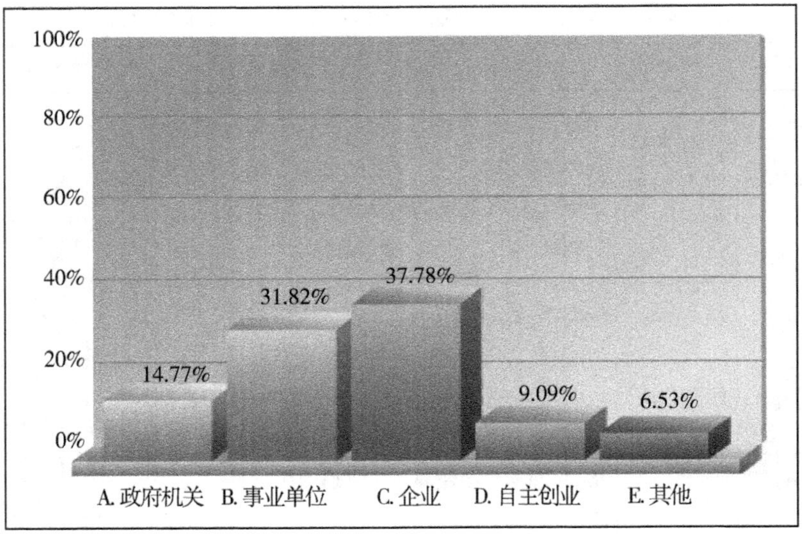

图45　在校大学生毕业后的就业倾向

而对于毕业后是否愿意参加“三支一扶”计划，40%左右的同学表示愿意，8%的在校大学生明确表示不愿意参加，另外52%左右的同学表示不清楚（如图46）。

在校大学生愿意参加“三支一扶”计划的前五个原因分别为：锻炼自己（74%），增加社会经验（65%），响应国家号召（28%），

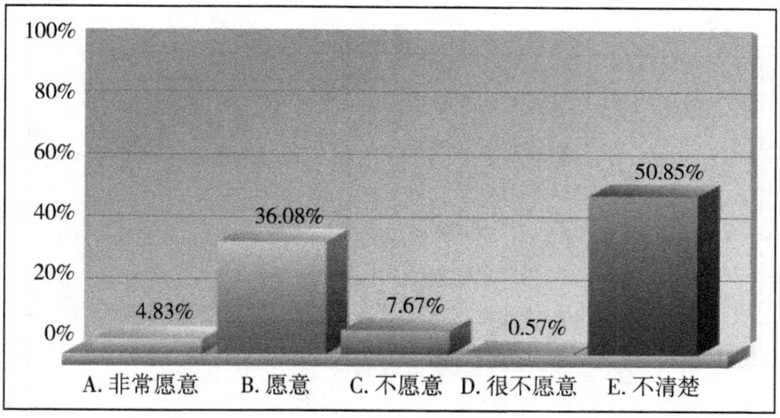

图 46　在校大学生参加“三支一扶”计划的意愿

为服务地区做贡献(22%)和减轻家庭负担(20%)。而不愿意参加“三支一扶”计划的前五个原因分别为：发展机会少(44%)，工作条件艰苦(38%)，工资待遇低(37%)，能力提升空间小(26.9%)和已有自己的工作打算(26%)(如图 47、图 48)。

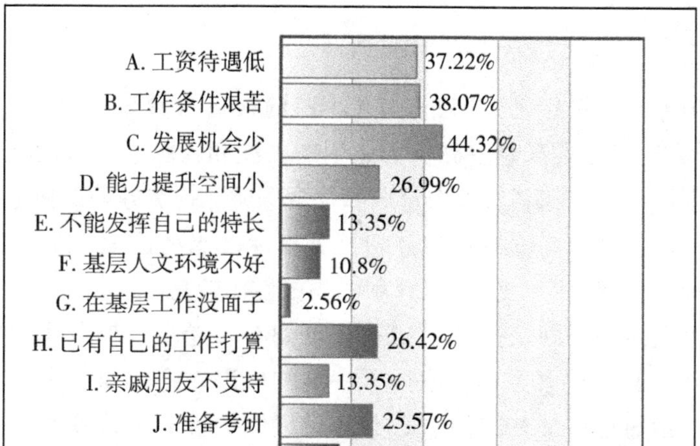

图 47　在校大学生不愿意参加“三支一扶”计划的原因

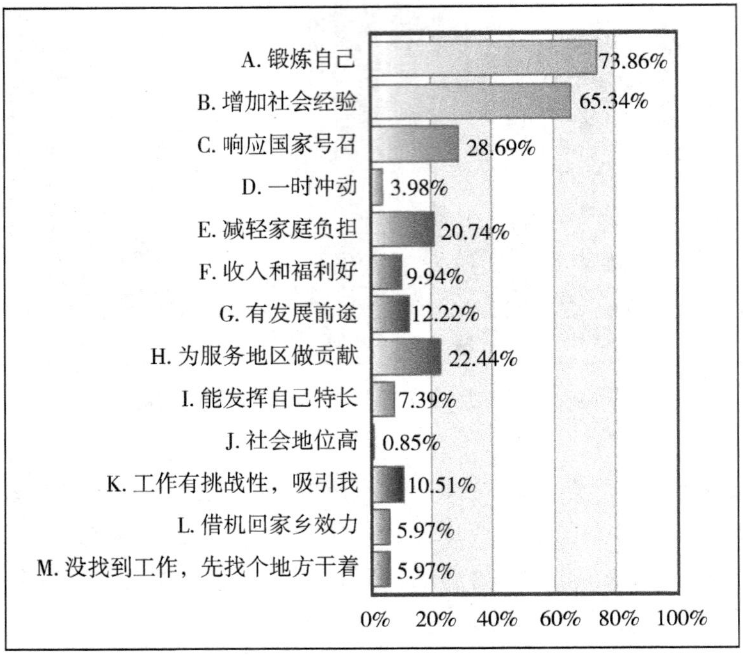

图 48　在校大学生愿意参加“三支一扶”计划的原因

另外，从近年来“三支一扶”计划的报名人数来看，“三支一扶”计划受到了越来越多高校毕业生的关注和青睐。一些没有严格专业限制的岗位如基层人力资源和社会保障、扶贫办等，报考竞争非常激烈，部分岗位报考与计划招募指标之比高达 30∶1，可见，高校毕业生参加“三支一扶”计划的积极性比较高。

综上所述，湖北省“三支一扶”计划在引导高校毕业生面向基层就业方面的理念方面，取得了一定的效果。将近 40%的在校毕业生表示愿意参加“三支一扶”计划，说明该计划在改变高校毕业生就业观和择业观方面发挥了一定的作用。近年来部分岗位竞争激烈，也从侧面说明政策在引导基层就业观念方面取得了一定的效果。但是，具体能否真正下到基层就业，还取决于不同专业毕业生的就业形势、基层工作条件、提供的发展机会以及待遇水平等多个影响因素。

(二)缓解全省就业压力的程度

2015年教育部发布的官方数据显示，湖北省现有普通高等学校(包含民办普通高校)99所，独立院校27所，是教育大省，同时也是就业压力较大的省份。从每年湖北省高校应届毕业生数与“三支一扶”计划招募人数来看，2012年湖北省高校应届毕业生38万人，而“三支一扶”计划招募1150人；2013年高校应届毕业生40万人，“三支一扶”计划招募1200人；2014年高校应届毕业生43万人，“三支一扶”计划招募1250人，三年来“三支一扶”计划招募人数仅占高校应届毕业生总数的0.29%左右。因此，从总体人数上来看，“三支一扶”计划缓解就业压力的政策效果非常有限。

但是，从“三支一扶”计划招募的专业来看，53%的计划招募岗位没有严格的专业要求，如就业和社会保障平台、扶贫等岗位，大多招募的是高校文科专业毕业生，在文科专业毕业生就业形势非常严峻的形势下，为高校文科毕业生提供了一条宝贵的缓解就业压力的渠道。

(三)缓解个体就业压力的效果

数据显示，“三支一扶”人员期满就业总体情况较好。2011—2014年湖北省“三支一扶”计划期满人员在机关事业单位就业比率达62.3%，在企业就业的占9.2%，总就业率达到93%，2013年就业率甚至达到了97%。这充分说明对于参加“三支一扶”计划的毕业生来说，2年的服务期的确为个人缓解了就业压力，提高了就业的成功率(如图49)。

另外，事业单位是“三支一扶”人员期满就业的主要去向，69%的期满人员在事业单位就业，其次是党政机关和企业。提示“三支一扶”计划在拓宽高校毕业生就业渠道的同时，还为基层事业单位输送了宝贵的人力资源(如图50)。

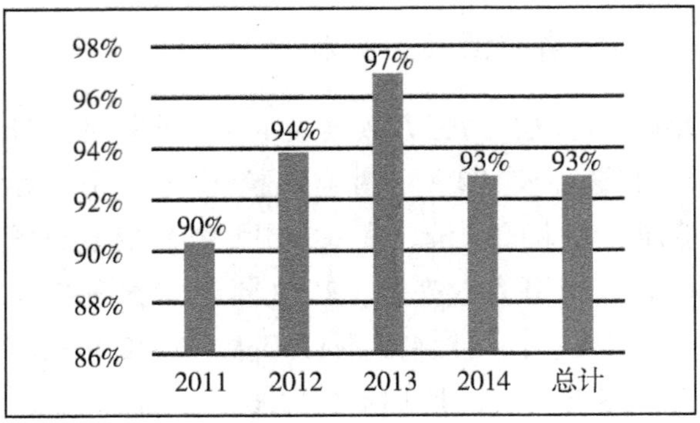

图 49　湖北省“三支一扶”人员期满就业率(2011—2014 年)

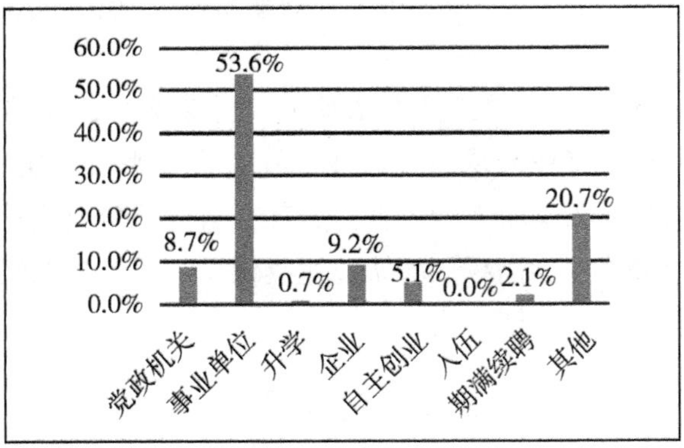

图 50　湖北省“三支一扶”人员期满就业去向分布图(2011—2014 年)

三、促进基层人才培养的效果评估

(一)个人实践能力培养的效果

对期满就业人员的调研问卷显示，在“三支一扶”经历对胜任期满后新岗位工作的影响方面，85.97%的人员表示这段经历对自己有帮助，能够帮助自己更快地适应新工作岗位，仅有 5.26%的人员表示基本没有帮助(如图 51)。

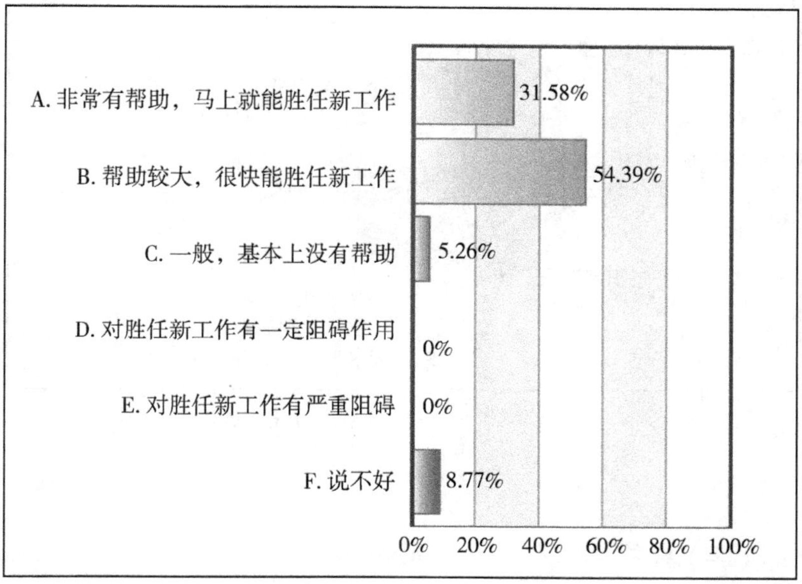

图 51　“三支一扶”经历对胜任期满后新岗位工作的影响

另外，鉴于基层岗位事务较为繁杂，服务对象需求多样且文化水平相对较低，工作具有很大的挑战性，“三支一扶”的经历锻炼了他们各方面的实践能力。其中，67. 3%的“三支一扶”人员认为他们的工作作风与工作态度、沟通协调能力得到了锻炼，54. 5%的人认为他们的公共服务意识和群众工作方法、政治素养与思想道德水平得到了提升，另外，51. 2%的服务人员在专业知识技能与职业素养、开拓创新能力等方面也得到了一定的提升(详见图 52)。

综上所述，“三支一扶”计划人员在服务期间，真正体会到了农村基层事业单位工作的氛围和性质，对未来工作规划有了更清晰的认识，是职业生涯中非常重要的一个阶段。调查数据显示，大部分“三支一扶”人员认为该计划对自己的未来非常有帮助，较好地发挥了人才培养作用。

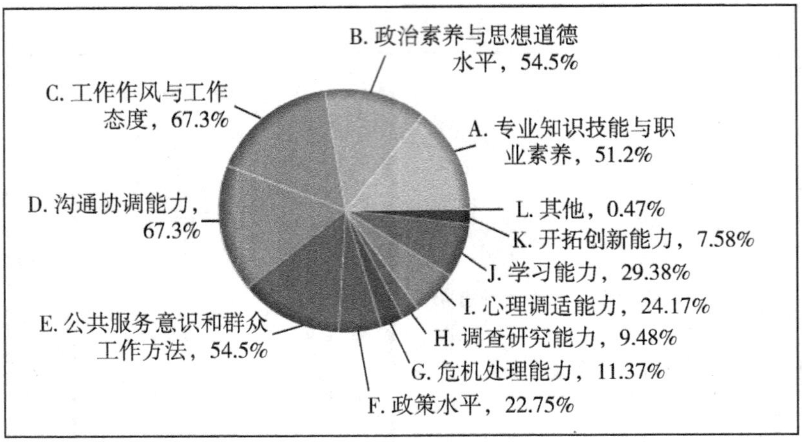

图 52　“三支一扶”人员的具体收获

（二）基层单位人才储备的效果

“三支一扶”计划也是基层事业单位领导观察人才的一个好机会。常规的事业单位公开招考流程是通过笔试和面试，用人单位面试者与应聘者接触的时间较短，难以通过面试对应聘者的品行和业务能力准确地作出判断，而“三支一扶”计划 2 年的服务期为用人单位提供了良好的人才观察机会，有利于事业单位的人才储备。调研中多名县医院院长表示，会优先从“三支一扶”计划人员中挑选人才，因为通过 1~2 年的时间观察，相互之间比较了解。许多“三支一扶”人员也是通过在县级医院见习等机会接触到医院的相关人员，从而把握住了期满后的就业机会。

最近三年的数据显示，“三支一扶”人员期满续聘的比例逐年增加，延长了基层锻炼和人才培养的时间（详见表 38）。相对于事业单位公开招考的人员，“三支一扶”计划的观察期更长，更有利于基层单位对人才的甄别和培养，在基层单位人才储备方面取得了一定的效果。

表 38　湖北省“三支一扶”人员期满人员续聘率(2013—2015 年)

年份	2013	2014	2015
计划招募数	884	877	931
期满续聘人数	8	24	37
所占百分比	0.90%	2.70%	4.00%

资料来源：“三支一扶”计划管理信息系统

但是，资料同时显示，对于没有空编空岗的基层事业单位来说，没有人才储备的需求，他们也不太愿意花大量时间和精力去培养“三支一扶”人员，因为刚刚培养出来他们可能就会离开。如调研地区的水利局、人力资源和社会保障局等服务单位对“三支一扶”人员给予了较高的评价，认为这些“三支一扶”人员大多数热情很高，干劲很足，反应很灵敏，能为单位减轻工作负担，一定程度上补充了基层的人力资源。但是由于服务期的限制，他们可能刚熟悉本职工作，两年后就得离开，使单位又需要重新花费大量人力、物力、财力和时间去培养下一届“三支一扶”学生，好不容易培养起来的优秀、合适的人力资源流失，培养的成本和收益非常不对等。

四、促进基层事业发展的效果评估

(一)独立当班情况

问卷调查结果显示，70%的“三支一扶”人员已经独立承担某一岗位的工作，26%的服务单位负责人表示本单位“三支一扶”人员全部已经独立承担某一岗位的工作，61%的负责人表示本单位“三支一扶”人员大部分已经独立承担某一岗位的工作(如图 53)。数据分析说明，“三支一扶”人员大多能独挡一面，为当地基层事业做出贡献，在一定程度上提升了基层事业的服

务能力。(如图 53)

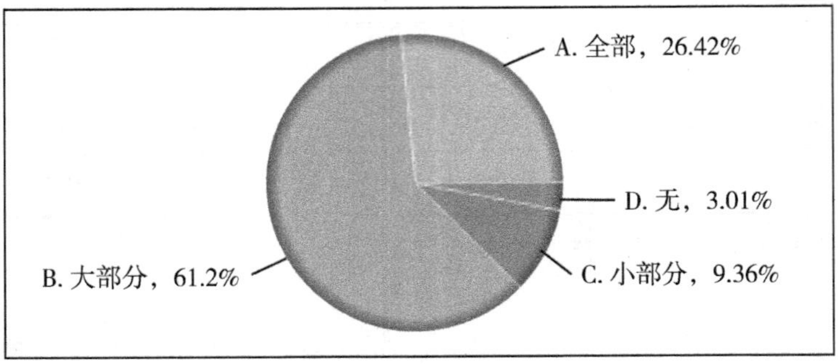

图 53　“三支一扶”人员独立当班情况

但是，独立当班情况在不同服务岗位存在一定的差异性。在一些对专业性要求不高的服务岗位，“三支一扶”人员大多从事的是事务性工作，如青年事务、就业与社会保障平台岗位，一般经由“传帮带”3 到 6 个月，基本可以独立当班，尤其是对一些工作事务多、在岗人员少、人员结构老化、知识思想陈旧的基层单位，“三支一扶”人员发挥了较大作用。

但是，对于一些专业性要求较高的服务岗位，需要带教的时间就比较长，如支农和水利。另外，支医人员在没有拿到医师执业资格之前，法律规定不允许单独值班，这使得他们对提升当地基层事业单位服务能力的作用非常有限。部分县医院和乡镇卫生院院长表示，虽然基层医生非常紧缺，但临床专业支医人员的到来发挥不了什么作用，由于这些人员大部分时间都在备考医师资格证，又不能独立当班，单位管理还要提供培训，期满后愿意留下来的人很少，这使得支医培养学生的成本和收益差距很大，近年来已经打算放弃支医项目。

(二) 开展新业务方面

调研资料显示，“三支一扶”人员为服务单位带来的影响依次为丰富基层文化生活、引进新的工作方法和手段以及传播新知识和新技术（详见图 54）。“三支一扶”人员作为一个年轻的群体，相对于长期生活在闭塞基层的工作人员，一是比较了解新的知识和技术，有想法，有创意，有激情；二是反应比较灵敏，学东西速度快、掌握较好，为当地基层服务能力的提升发挥了一定的作用。例如罗田县团县委刘书记谈到，其单位刚期满的一位大学生，为他们创建了单位的微信账号，每天在微信上及时更新有关信息，为他们了解时事政策、工作动态和相互之间的沟通交流搭建了一个很好的平台。咸丰县人力资源和社会保障局更是派“三支一扶”人员李旭阳去市里学习新的软件技术，成为局里唯一一个掌握此技术的人才，回来教授其他员工，为局里作出了很大的贡献。

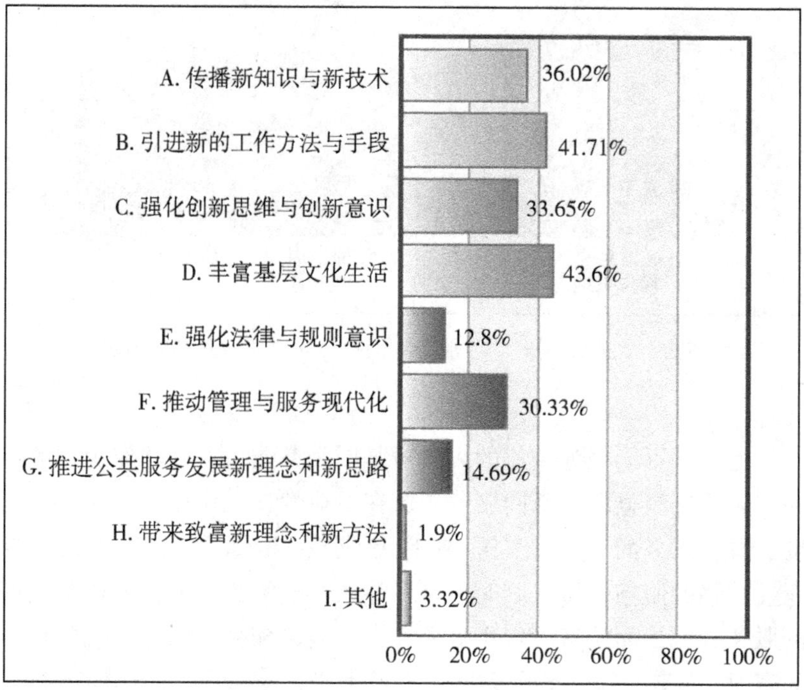

图 54 “三支一扶”人员开展新业务情况

(三)提升基层服务能力方面

资料显示，大多数服务单位人员对“三支一扶”人员提升基层服务能力的作用比较认可。61%的“三支一扶”人员表示在服务期间曾提出建议，其中37%的人员曾提出建议且经常被采纳，为当地服务能力的提升作出了一定的贡献(详见图55)。

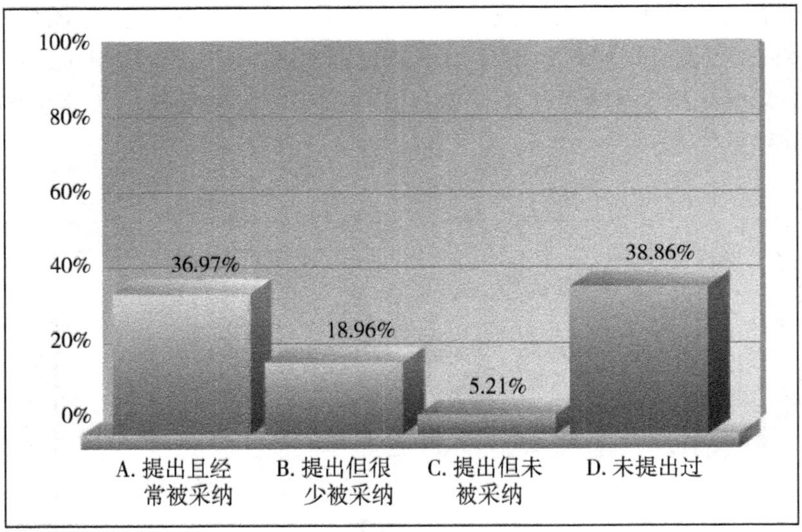

图55　“三支一扶”学生服务期间提出建议并被采纳的情况

但是，不同服务岗位的人员对基层服务能力提升的作用程度不一。调研资料显示，不同服务领域在专业性、工作量、工作适应速度、总收入方面不一，支医(临床专业)、支农、水利均为人员专业性较强的服务领域，同时也是专业人员非常紧缺和招募非常困难的服务领域，而扶贫、青年事务、人力资源和社会保障、残联相对而言对“三支一扶”人员专业性要求不高，毕业生工作适应较快，能很快进入工作角色，迅速补充了基层事业单位的人力资源，为服务单位提升服务能力发挥了较大的作用(如表39)。

表 39　　不同服务岗位的特点

服务领域	前三名排名情况					
	工作量	专业性要求	适应速度	总收入	紧缺性	招募难度
支教	—	—	—	—	—	—
支农	—	3	—	2	3	3
支医	—	1	—	1	2(临床专业)	1(临床专业)
扶贫	2	—	—	3	—	—
青年事务	1	—	2	—	—	—
水利	3	2	—	—	1	2
就业和社会保障服务平台	—	—	1	—	—	—
残联	—	—	3	—	—	—

(四)人力资源补充的持续性方面

访谈资料显示:“三支一扶”计划由于较高的离岗率，补充基层人力资源的作用非常不稳定。一方面，人员的心态不稳定。大多数“三支一扶”人员在两年服务期内一边工作，一边在备考或为就业做准备，这使得他们的工作状态与心态很不稳定，工作表现受到影响。另一方面，“三支一扶”计划本身是一个缓解就业的过渡性计划，学生在服务期内或服务期满后，随时可能离开，离开后服务单位又没有新的人员及时补充进来，因而人力资源补充缺乏持续性和稳定性，在一定程度上也影响了服务单位的工作。

例如，孝感市孝南区农业局 2012 年招募 2 人，1 人没报到，另 1 人中途离岗。2013 年招募 5 人，中途 1 人考上公务员，1 人考上特聘教师，中途人员即流失了 40%，其他人期满后全部离职，所培养的人才没能为本单位继续服务。又如恩施建始县人事局，

2014年该单位招募28人，第一年4人考上公务员和事业单位，人员流失率为14%；2015年招募的10个人中，目前已有2人考上事业单位，不到三个月，人员流失率已为20%。

五、评估结果与政策建议

(一)评估结果(见表40)

1. 缓解就业压力的效果

"三支一扶"计划在引导高校毕业生面向基层就业观念方面，取得了一定的效果。对于缓解湖北省总体就业压力的目标，由于计划指标的限制，"三支一扶"政策发挥的作用非常有限。但在缓解大学生个人就业压力方面，由于较高的期满就业率，政策发挥的效果较好。

2. 促进基层人才培养的效果

"三支一扶"计划对个人实践能力培养的效果较好。86%的"三支一扶"人员表示这段经历对自己期满后胜任新岗位有帮助，主要体现为工作作风与工作态度、沟通协调能力等方面得到了很好的培养，同时也为大多数用人单位提供了一个甄别人员和培养人才的机会。

3. 促进基层事业发展的效果

总体而言，"三支一扶"计划对促进基层事业发展有一定帮助。因为70%的"三支一扶"人员已经独立承担某一岗位的工作，40%左右的"三支一扶"人员表示为服务单位引进了新的工作方法和手段以及传播了新知识和新技术，大多数服务单位人员对"三支一扶"人员提升基层服务能力的作用比较认可。但是，不同服务岗位的人员对基层服务能力提升的作用程度不一。扶贫、青年事务、人力资源和社会保障、残联等岗位，毕业生能很快进入工作角色，迅速补充了基层事业单位的人力资源，为服务单位提升服务能力发挥了较大的作用，而在支医(临床专业)、支农、水利服务岗位发挥的作用非常有限。

总体评估结果：湖北省第二轮“三支一扶”计划缓解个人就业压力的效果良好，但在缓解全省就业压力方面效果较差；促进基层人才培养的效果良好；促进基层事业发展的效果中等，专业性较强的服务岗位发挥的政策效果相当有限。

表 40　**湖北省第二轮“三支一扶”政策效果的评估结果**

项目	一级指标	评估结果	二级指标	评估结果
“三支一扶”计划的政策效果评估	缓解就业压力的效果	+++	引导面向基层就业观念的效果	+++
			缓解全省就业压力的程度	+
			缓解个体就业压力的效果	++++
	促进基层人才培养	+++	个人实践能力培养的效果	+++
			基层单位人才储备的效果	+++
	促进基层事业发展	++	独立当班情况	+++
			开展新业务方面	++
			提升基层服务能力方面	++
			人力资源补充的持续性方面	+

注：优(++++)、良(+++)、中(++)、差(+)为四个评分等级

(二)存在的问题

1. 计划指标的数量不能满足需求

"三支一扶"计划是党中央、国务院着眼党和国家事业发展全局作出的一项重大战略决策，每年招募2万名左右高校毕业生，湖北省每年招募的人数为1200名左右，虽然在全国计划指标中所占的比例相对较高，但是，相对于湖北省每年40多万的高校应届毕业生来说，仍然是杯水车薪。一方面，湖北省是教育大省，高校毕业生多，就业压力大，计划指标远远不能满足缓解就业压力的需求；另一方面，由于近年的机构改革，相当比例的基层机关事业单位多年没有进人，面临严重的人员断层问题，目前的计划指标也不能满足基层机关事业单位的需求，导致缓解就业压力和促进基层发展的政策效果受限。

2. 支医项目的总体政策效果不明显

在缓解就业压力方面，医学生(临床医学专业)就业形势基本处于岗求人的状态，就业压力相对不大，缓解就业压力的政策效果不明显。在促进基层人才培养方面，若见习制度落实得好，医学生在县医院见习期间对于实践能力的培养有较大帮助，但若在乡镇卫生院，由于病人较少，非常不利于实践能力的培养，用人单位也不太愿意花时间和精力去培养，因为培养的成本和收益非常不对等，人才培养的政策效果非常有限。在促进基层事业发展方面，由于临床医学专业较高的职业门槛和较长的培养周期，支医人员难以发挥作用，提升服务能力的政策效果不明显，部分基层卫生单位负责人表示准备放弃支医项目。

3. 补充基层人力资源的效果缺乏持续性

从人力资源补充的持续性来看，由于较高的离岗率，补充基层人力资源的作用缺乏持续性和稳定性，在一定程度上也影响了服务单位的正常工作。同时，这种人员的不连续性和不稳定性，反过来也影响了服务单位对“三支一扶”人员的培养积极性，部分“三支一扶”人员表示在基层单位处于“边缘化”，工作多局限于事务性、操作性的一般工作，用人单位不愿意将重要的工作交给他们。

（三）政策建议

1. 在财政能力范围内适当扩大招募规模

“三支一扶”计划在缓解就业压力方面的政策效果有限，原因主要在于招募规模与庞大的就业大军和旺盛的基层需求不相匹配。建议在财政能力允许的范围内，适当扩大招募规模，可以借鉴其他省份的一些做法，鼓励地方自主招募“三支一扶”计划人员，省级财政根据情况给予一定的补助。

2. 科学管理不同的支医服务岗位

支医项目是“三支一扶”计划中较为特殊的一个子项目。首先，支医项目的服务岗位对职业门槛的要求相对较高，如临床医学专业需要有医师资格证，护理岗位需要有护士执业证书才能执业；其次，目前基层最需要的是临床医学或检验麻醉等专业人员。而目前支医项目逐渐萎缩的原因，一方面在于临床医学专业人员不愿意来，另一方面，由于人岗匹配度较差，服务单位也不想要。建议按照服务岗位的不同，进行科学分类，将基层紧缺的专业单列出来，定义为“三支一扶”计划的专业性岗位，在招募、待遇、期满优惠政策方面予以一定倾斜，不断提高人岗匹配度，同时有针对性地加强这些专业在高校招募的宣传力度。

第六章　评估发现的主要问题、成因与对策分析

评估结果显示：湖北省第二轮“三支一扶”计划的政策制定总体情况良好，政策制定的合理性和明确度良好，子目标间的协调性中等；政策执行总体情况良好，其中，“三支一扶”人员安置和管理的政策执行情况优秀，计划指标分配、人员招募、培训、待遇落实、期满就业的政策执行情况良好；政策宣传、人员考核、落实保险的政策执行情况中等；政策的总体效果良好，其中，缓解个人就业压力的效果良好，但在缓解全省就业压力方面效果较差；促进基层人才培养的效果良好；促进基层事业发展的效果中等，专业性较强的服务岗位发挥的政策效果相当有限。

一、问题与成因分析

在以上评估结果的基础上，我们发现，“三支一扶”计划的实施主要存在以下几个方面的问题：

(一)对政策的定位缺乏统一认识

从“三支一扶”政策演变的历程来看，“三支一扶”计划政策的初衷是为了缓解高校毕业生的就业压力，维持社会稳定，湖北省第二轮“三支一扶”计划的实施也很好地执行了这个政策目标。但是，在“三支一扶”计划的实施过程中，我们发现“三支一扶”计划同时具有人才培养和促进基层事业发展的政策效果，如何将缓解就业压力与促进人才培养和基层事业发展两个政策目标有机结合起来，是“三支一扶”计划下一步需要厘清的问题。调研情况显示，省级人

力资源和社会保障部门普遍认为缓解就业压力是主要目标，但是，市县(区)人力资源和社会保障部门管理人员以及服务单位负责人大多希望优先实现基层人才培养和促进基层事业的政策目标，在对政策的定位方面缺乏统一的认识，导致“三支一扶”计划在实施中遇到一些问题。如部分市县(区)相关人员认为“三支一扶”就是一个过渡性的政策，对“三支一扶”人员重视不够，甚至将“三支一扶”人员视作一种廉价劳动力，不愿意帮扶培养，没有将基层事业发展与人才培养、缓解就业压力三个目标结合起来。另外，部分县市(区)过分强调“三支一扶”计划在促进基层事业发展方面的目标，认为省里应该出台“三支一扶”期满后编制落实的政策，解决当地人力匮乏的问题。

“三支一扶”计划的各级管理人员对政策理解的分歧，有以下几个方面的成因：

1. 政策子目标的主次不清

如前所述，“三支一扶”计划不同的三个子目标之间存在一定的不协调性，需要对政策有一个清晰的定位，即为什么要把高校毕业生引到基层？应该优先解决什么子目标？怎样算很好地实现了“三支一扶”的政策目标？用哪些指标来衡量“三支一扶”计划的绩效？目前在“三支一扶”的政策中，尚未发现对以上问题的清晰答案。

2. 各地“三支一扶”管理人员之间缺乏交流

调研资料显示，各地对“三支一扶”计划的理解存在较大差异，对“三支一扶”计划的重视程度也不一。在对“三支一扶”计划比较重视的地区，计划的执行情况相对较好，但在对“三支一扶”计划不够重视的地区，管理人员一方面缺乏积极性，另一方面也不知道本地与其他地区的差距在哪里，怎样改进工作。访谈中了解到，各地“三支一扶”管理人员和相关负责人相互交流的机会较少，部分计划执行得较好的地区的经验难以得到借鉴，缺乏相应的交流平台统一对“三支一扶”政策的认识。

3. “三支一扶”人员的身份定位不清晰

“三支一扶”人员下到基层后，是以什么样的身份开展工作？是学生、事业单位准工作人员，还是见习生身份？若是学生身份，目前“三支一扶”人员的生活补贴高于乡镇事业单位新进高校毕业生的试用期工资；若是事业单位准工作人员的身份，2 年服务期满后“三支一扶”人员大多会离开，服务单位也不会重点培养并委以重要任务；若是以见习生身份，目前湖北各地“三支一扶”人员的收入差距过大，不能体现省里统一选派见习生的政策精神。因此，需要对“三支一扶”人员的身份有一个清晰的界定，在此基础上进行相关政策制度的设计。

（二）各地政策执行情况差异较大

调研发现，“三支一扶”计划在各地的执行情况有较大差异，主要表现为：一是管理政策执行力度不一，主要表现在定期联系、培训帮扶、考核培优等方面；二是待遇政策执行情况不一，主要表现在生活补贴标准、保险险种、补贴发放方式等方面；三是期满政策执行情况不一，主要表现在期满就业安置、编制解决力度等方面。究其原因，主要有以下几个方面：

1. 地方对计划执行的自由裁量权相对较大

目前在“三支一扶”的招募政策、管理政策、待遇政策以及期满政策的执行中，地方均有较大的自由裁量权。如在人员招募中，地方双选的自由裁量权相对较大；在待遇落实中，地方对于生活补贴标准、津补贴是否发放、保险购买等方面均有较大的自由裁量权；在期满人员的就业安置过程中，各地可以根据当地情况酌情考虑制定相关的期满就业安置政策。总体而言，由于在政策执行中的自由裁量权相对较大，各地计划执行情况的好坏较大程度上取决于当地政府的重视程度以及当地管理人员素质的高低。

2. 计划执行的监管机制较弱

调研资料显示：目前省、市、县三级的监管机制相对较弱。一方面，监管标准不明确，如目前对各地执行计划的情况好坏缺乏具体详细的标准，难以引导各地的计划执行行为；另一方面，缺乏监管的动态信息支持，目前运行的“三支一扶”管理信息系统主要是用于管理人员对“三支一扶”人员信息的管理和维护，“三支一扶”人员的日常管理如待遇落实情况、定期联系情况、年终考核情况以及“三支一扶”学生的投诉情况在信息系统中没有相应的信息模块，省级管理人员主要通过下级汇报和实地调研了解计划的执行情况，但由于时间和精力的限制，难以掌握全省各地具体的计划执行情况信息。另外，根据《湖北省“三支一扶”高校毕业生服务期间和服务期满有关政策的意见》，各地生活补贴的标准是参照当地乡镇事业单位从高校毕业生中新聘用工作人员试用期满后工资收入水平的标准，而各地执行的标准不一，发放方式不一，上级主管部门监管起来有一定的难度。

3. 计划实施缺乏激励机制

“三支一扶”计划的实施涉及省市县(区)三级，每级涉及教育、农业、卫生等多个部门，部门之间的合作与协调是“三支一扶”计划顺利实施的组织保障，因而如何调动“三支一扶”工作协调管理单位的积极性非常重要。如“三支一扶”人员较为分散，服务单位缺乏组织规范化业务技能培训的能力，省级或市州业务主管部门有组织业务技能培训的能力，但是缺乏积极性。另外，调研中了解到，“三支一扶”计划曾对计划执行情况好的有关个人和单位进行年度表彰和奖励，但八项规定后，各项表彰活动减少或暂停，目前迫切需要建立起“八项规定”后时期的激励机制。

(三)计划实施出现二级分化现象

“三支一扶”计划包括支教、支医、支农、扶贫等多个服务领域，从目前实施的情况来看，不同服务领域之间出现二级分化现象。一方面，专业性服务岗位人员（包括支医、支农、水利）是目前基层事业发展最需要的人员，但人员招募较为困难，2015 年支医、支农、水利岗位的招募均未完成计划指标数，呈现岗求人现象，且到岗后促进人才培养和基层事业发展的政策效果不明显；另一方面，事务性的服务岗位（包括就业和社会保障服务平台、残联、扶贫和青年事务）竞争较为激烈，部分岗位竞争比例达到 10∶1，呈现人求岗现象，但到岗后促进人才培养和基层事业发展的政策效果较好。调研结果显示不同项目之间的运行非常不平衡。

（四）支医项目逐渐萎缩

近五年，湖北省支医计划的总体招募规模在 200～300 名，但每年实际招募数均未完成计划指标数。2013 年后，计划指标数也开始在下降，大部分地区的招募学历条件降到专科。尽管如此，实际招募人数还是没有满足计划需求，招募困难成为常态。调研发现，支医项目逐渐萎缩的原因主要有：

1. 临床医学毕业生不愿意到基层

临床医学毕业生不愿意到基层的原因主要有：一是就业形势相对较好。目前全国的医师缺口相当大，根据湖北省教育厅提供的数据，2014 年湖北省医学类毕业生的就业率达到 94%左右，就业出现岗求人形势。二是参加计划不利于自身成长。临床医学专业人员对工作实践的要求非常高，而大多乡镇卫生院现在实行收支两条线，病人少、病种少，临床医学专业毕业生在乡镇实践能力得不到提高，不愿意报考。三是虽然支医项目人员的收入比其他“三支一扶”项目要高，但由于临床医学专业的市场薪酬起点相对较高，支医人员对待遇的满意度依然较低。

2. 基层医疗卫生单位逐渐放弃支医项目

由于支医项目的人岗匹配度较差，临床医学专业人员招不来，招来的护理等专业人员在单位发挥不了太大作用，基层医疗卫生单位更愿意直接社会公开招聘人员，人员更为稳定。另外，支医人员的培养成本和收益不对等也是重要的原因。服务单位需要对支医人员进行临床带教和培训，还要负担财政补助不足的部分，而支医人员见习期1年，没有医师资格证书不能独立当班，2年服务期满后又大多留不下，服务单位的付出得不到回报，部分基层医疗卫生事业单位已经开始放弃支医项目。

（五）“三支一扶”人员对待遇的满意度较低

数据显示，“三支一扶”人员对发放的生活补贴和保险缴纳情况的满意度较低，且不同岗位的满意度存在较大差异，支医岗位人员满意度最低，其次是支农和水利岗位，就业和社会保障服务平台以及扶贫岗位的满意度相对较高。我们认为，满意度较低的成因主要有以下几个方面：

1. 各地“三支一扶”人员的总收入差距过大

我们认为，“三支一扶”人员对待遇满意度低的主要原因不是总体待遇水平较低，而是各地“三支一扶”人员收入差距过大导致的。首先，从省份对比来看，湖北省“三支一扶”人员的总体待遇处于中等水平；其次，从与事业单位新进高校毕业生对比来看，“三支一扶”人员由于没有试用期工资，其生活补贴水平高于乡镇事业单位新进高校毕业生的工资水平；最后，调研发现，由于地区间的经济发展不平衡、不同行业之间的差异以及事业单位津补贴调整后生活补贴是否同步调整等原因，各地“三支一扶”人员的收入最大差距可达2.5万元，而部分地区“三支一扶”人员的总收入也就2.5万元，收入相差将近1倍，过大的收入差距引起服务期内“三支一扶”人员强烈的不满情绪。因此，我们认为，人员收入差距过大是“三支一扶”人员对待遇满意度低的主要原因。

2. 部分地区没有完全或及时落实人员待遇

问卷调研结果显示，仍有27%的“三支一扶”人员表示收入低于乡镇事业单位新进正式职工的收入，22%的“三支一扶”人员表示不能及时发放生活补贴，尤其是第一年服务期内。另外，大部分地区只落实了医疗、养老和工伤保险，其他两项保险没有完全落实，造成人员的满意度较低。

3. 部分人员对待遇的标准和构成知晓度低

调研中发现，部分“三支一扶”人员对待遇标准和构成知晓度较低，虽然政策中明确规定生活补贴参照当地乡镇事业单位从高校毕业生中新聘用工作人员试用期满后工资收入水平的标准，但由于各地乡镇事业单位的工资标准不一，各地的发放方式不一，相当比例的“三支一扶”人员对自己收入的来源和构成并不清楚，通过非正式渠道获得的其他地区“三支一扶”人员的收入信息不一定完整准确，比较后容易心理不平衡。

（六）财政投入比例影响计划的可持续性

据调研，湖北各地地方财政投入情况分为三种：一是地方财政基本没有负担，这类地区“三支一扶”人员的总收入为 2.5 万元左右，中央和省里财政投入几乎负担了所有的工作生活补贴。这类地区招募“三支一扶”人员的积极性较高，但“三支一扶”人员的满意度较低。二是地方财政有小部分补贴，这类地区“三支一扶”人员的总收入为 3~4.5 万元，中央和省里财政补助负担了“三支一扶”人员的大部分收入，地方财政补助 5000~20000 元/人。这类地区招募积极性比较高，但“三支一扶”人员满意度偏低，部分地区还出台期满直接转编等优惠政策，以吸引“三支一扶”人员留在基层。三是地方财政负担一半及以上，“三支一扶”人员的年总收入 4.5~5.5 万元，地方财政补助 20000~30000 元/人。这部分地区大多按照事业单位津贴标准调整后的标准发放工作生活补贴，“三支一扶”人员满意度相对较高，但当地财政负担比较重，部分地区招募积极性受到影响。部分地区相关人员表示，若地方财政需负担“三支一扶”人员 50%以上的工作生活补贴，会比较倾向于通过事业单位公开招考来解决当地人才需求问题，相对于“三支一扶”人员，事业单位招考来的正式职工更稳定，更利于单位培养和重用，这就使得“三支一扶”计划的可持续性受到影响。

（七）实施中的其他问题

调研中发现，“三支一扶”计划在实施过程中还存在一些其他的具体问题，主要包括：

1. 计划在高校直接宣传的途径基本中断

调研中发现，不仅在校大学生对“三支一扶”计划的知晓度和认知度均较低，高校学生就业工作部门的人员知晓度也不高。部分高校学生就业指导工作人员反映，2010 年之前，还有“三支一扶”计划的专场招聘会，他们也会积极向学生宣传“三支一扶”计划，但是，2010 年后，就业指导中心就没有再布置“三支一扶”计划的宣传工作，目前他们宣传的主要是西部计划、村官计划等基层就业计划，部分工作人员甚至以为 2010 年支教从“三支一扶”计划中单列后，“三支一扶”计划就不再存在了。说明“三支一扶”计划目前主要靠网络媒体的宣传，高校就业工作部门的宣传途径基本中断。

2. 招募机制不完善

目前“三支一扶”计划的选拔主要是通过报名审核、双向选择的方式进行，只有当报名人数与招募计划达到 5∶1 以上时，才要求由服务岗位所在市、州“三支一扶”办视情况商所在县级“三支一扶”办自行组织资格考试。调研资料显示：相当比例的地方“三支一扶”管理人员认为目前的招募机制需要进一步完善。地方“三支一扶”管理人员普遍反映，一方面，由于场地限制，双向选择会现场较为嘈杂，几分钟的面试很难起到甄别人员的作用；另一方面，现行招募机制容易引起公平性质疑，“三支一扶”人员无需考试在服务期内就可以享受试用期满后事业单位人员的待遇标准，而事业单位招考人员不仅需要通过考试，而且第一年只是拿试用期工资。另外，由于不需要通过笔试，招募人员也会面临很多关系户的压力。部分关系户的子女通过打招呼直接被招募，招募后又通过考核招聘等方式直接聘用，造成与其他报考人员之间的不公平。

3. 业务技能方面的培训需求普遍没有得到满足

业务培训的落实情况各地不一，但业务技能方面的培训需求没有得到满足的情况较为普遍，目前的在岗培训内容没有体现出专业和岗位的差异性，即使业务主管部门有业务技能方面的培训，主要还是针对在岗正式职工的业务技能培训，“三支一扶”人员很多没有机会参加。另外，由于基层医疗卫生事业单位人员的紧张，支医项目中的见习制度落实情况不太乐观。

4. 平时考核大多没有落实或流于形式

无论是《湖北省“三支一扶”计划实施工作管理办法(试行)》还是《事业单位工作人员考核暂行规定》，均未规定平时考核的频率。调研资料显示，大多数事业单位的平时考核没有严格执行，“三支一扶”人员的平时考核也大多流于形式，无法为年度考核和期满考核提供客观的依据。

5. 人员离岗率相对较高

2011—2014 年间，“三支一扶”人员的上岗前脱岗率大概在 9%左右，中途离岗率为 18%，且有逐年上升趋势。“三支一扶”作为志愿服务项目，招募方式主要是双向选择，签订服务协议，对离岗人员没有硬性约束。特别是在招募环节，已被录用的学生不去报到，另谋高就，造成离岗率高，而真正想到基层服务的学生又因为指标限制未能如愿不得不另谋出路。虽然在后期也进行了补录，但由于大部分学生已经就业，生源质量和数量都有限，只能降低条件要求，造成部分岗位空缺，招募学生的质量也有所下降。

二、相关政策建议

(一)统一思想，进一步明确政策目标

建议结合湖北省的实际情况，进一步明确“三支一扶”计划中

缓解就业压力、促进基层人才培养和基层事业发展三个子目标之间的关系和优先解决次序，对政策进行一个清晰的定位，即为什么要把高校毕业生引到基层，应该优先解决什么子目标。从“三支一扶”计划的政策演变情况来看，“三支一扶”计划首先应该是一个缓解就业压力的计划，因而其政策的着力点应该是最大限度地缓解高校应届毕业生的就业压力，给这些毕业生提供一个缓冲和过渡的机会。在这种背景下，“三支一扶”人员应该是以一种“见习生”的身份下到基层，为基层事业补充人力资源的同时，给“三支一扶”人员和服务单位双方提供了一个相互了解和观察的机会，为后期的人员就业和单位培养人才奠定基础。因此，政策的定位应该是优先解决缓解就业压力的子目标，“三支一扶”人员的定位应该是“见习生”身份。在此政策定位的基础上，再进行相关政策的设计和优化，引导和规范各地执行政策的行为。

例如，若是以缓解就业压力为优先解决的子目标，则建议继续实行2年服务期限，部分专业性较强的岗位允许续签，且在财政能力允许的范围内适当扩大招募规模，可以借鉴部分省份地方自主招募、省级财政根据情况给予一定补贴的形式进行；但若是以促进基层人才培养和基层事业发展为优先解决的子目标，则建议适当延长服务期或允许续签，计划指标分配尽量向有空编空岗的地区倾斜，并进一步促进各地出台相应的期满就业安置的优惠政策。

另外，鉴于各地对政策的理解和重视程度不一，建议加强各地“三支一扶”计划相关负责人之间的交流，可以通过培训或交流会的方式，让计划执行得较好的地区在交流平台上推广经验，其他地区可以酌情借鉴，在思想认识上尽量达成统一。

(二)加强监管，建立绩效考核体系

针对各地政策执行情况差异较大的问题，建议在建立绩效考核体系的基础上加强引导和监管。首先，明确“三支一扶”计划实施情况的考核标准，可将日常管理政策的执行情况细化成具体的指标，形成系统的绩效考核指标体系；其次，在管理信息系统中设置专门的日常管理信息模块，增加对培训、考核、人员安置、日常管

理、待遇落实、期满就业等方面的管理情况记录和指标考核，通过建立一个动态的信息反馈系统，省级人社部门可以全面掌握各地政策执行的情况，使监管工作常态化和制度化；最后，建议每年度公开绩效考核结果，对排名靠前的地区进行表彰，并在政府系统内给予一定的荣誉奖励，以提高各地计划实施的积极性。

（三）科学分类，实现岗位的精细化管理

不同岗位的特点，决定了“三支一扶”计划不同项目之间的差异性，即使在同一项目里，岗位之间的差异性也很大，如支医项目的临床医学岗位和护理岗位。对具有不同特点的岗位进行统一管理，在政策执行中就会遇到一些问题，如招募困难、人岗匹配度不高等。建议对服务岗位进行科学分类，专业性较强的服务岗位定义为专业性岗位，如支医项目中的临床医学专业岗位、支农项目中的农业技术岗位等，加大对这类岗位的宣传力度，在招募、待遇方面予以政策倾斜；对于专业性不强的岗位定义为事务性岗位，如扶贫、就业和社会保障平台岗位，在招募中增加笔试程序，其他按照现行管理政策执行，以实现不同服务岗位的精细化管理。

（四）统筹管理，缩小收入差距

如前所述，若政策定位是优先解决缓解就业压力的子目标，“三支一扶”人员的身份是“见习生”身份，则目前的“三支一扶”人员的待遇标准和发放方式需要重新思考。建议省里制定统一的“三支一扶”人员的生活补贴标准和保险标准，弱化或忽略地区间的补贴差异，突出不同服务岗位的补贴差异性。针对专业性较强的服务岗位，如支医项目中的临床医学专业岗位、支农项目中的农业技术岗位等，在待遇方面予以政策倾斜；对于专业性不强的岗位定义为事务性岗位，如扶贫、就业和社会保障平台岗位，实行统一的补贴标准。这样一方面可以减少因收入差距较大带来的心理不平衡，另一方面，能提高“三支一扶”人员对服务期内待遇的知晓度，有利于上级部门对待遇落实情况的监管。另外，若条件成熟，可以考虑省里统一组织购买保险，最大限度缩小不同地区“三支一扶”人员

之间的待遇差距。

(五)加强保障，提高省级财政负担比例

“三支一扶”计划经费由中央、省和地方各级财政共同承担，第二轮“三支一扶”计划期间，中央财政投入呈现一定程度的上升趋势(尤其是2013年以后中央补贴标准提高到每年1.5万元/人)，但湖北省级财政投入却在2013年后开始下降。经测算，若完全按照各地事业单位津补贴标准发放工作生活补贴，地方财政负担比例将达到50%左右，严重影响地方实施“三支一扶”计划的积极性。因此，建议适当提高省级财政负担比例，可考虑调整后的中央、省和地方三级财政负担比例为1∶1∶1，中央和省财政负担比例为60%~70%，地方负担30%~40%比较合适。

(六)采取措施，优化实施中的关键环节

针对计划实施中出现的一些其他问题，建议采取相关措施，进一步优化计划实施中的关键环节。第一，针对在校大学生对计划知晓度和认知度较低的问题，建议有关部门与高校就业指导中心联系，重建高校直接宣传的途径，尤其是加大支农、支医等紧缺人才在高校的宣传力度；第二，针对招募机制不完善的问题，建议省里统一组织针对事务性岗位的笔试，在程序上保证招募机制的公平公正性；第三，针对业务技能培训需求没有得到满足的问题，建议在省里组织的在岗培训中，根据各项目特点，适当增加业务技能培训内容，同时督促各业务主管部门在市州层面加强业务培训力度；第四，针对人员离岗率较高的问题，建议完善相关的约束机制，同时简化补录程序，建立人员离岗的及时应对措施；第五，针对平时考核流于形式的问题，建议制定全省统一的“三支一扶”人员绩效考核方案，规范考核程序和内容，并将考核结果与年度绩效奖金挂钩。

(七)相关政策进一步明确和制度化

建议以下政策进一步明确和制度化：一是在招募的岗位计划表

中补充服务单位名称、服务单位地址、工作去向、服务单位可提供的生活工作条件、联系人及联系方式等基本信息服务，降低因信息不对称导致的中途离岗。二是补录调剂需要进一步明确补录调剂的原则和具体操作方法。建议在报考信息系统中加入“是否愿意接受调剂补录”的选项，当出现缺额岗位时，先以考试成绩为依据，通过系统向愿意接受调剂且成绩合格的学生发布信息，进行及时地递补。仍有空缺的在门户网站公布调剂补录岗位，实行考生自己申请、择优录取的方式进行人员补录。三是完善管理政策中对人员的约束机制，包括对“三支一扶”人员的工作要求、对请假逾期行为的处理、“三支一扶”人员被辞退的情形与程序等，同时建立“三支一扶”人员的绩效考核方案，将考核工作进一步细化和制度化，并将考核结果运用到年度绩效奖金、期满优惠等相关政策中来，充分发挥考核评优的激励作用。四是建立对各地管理部门的约束激励机制，明确对各地擅自借调“三支一扶”人员、瞒报冒领生活补贴等不良情形的处罚机制，增加管理政策的明确度。五是若继续按照目前的生活补贴发放标准，建议补充说明“三支一扶”人员的生活补贴标准与事业单位新进高校毕业生工资标准同步调整。六是进一步将期满续签、户口档案流动等政策执行中的例外情况明确说明，增加政策的可操作性。

第七章　"三支一扶"计划的未来发展趋势判断

"三支一扶"计划的未来发展趋势如何？实施规模是会越来越大？还是会逐步萎缩？影响"三支一扶"计划未来发展的因素包括内外部环境和计划自身的优劣势，以下将运用SWOT分析法对"三支一扶"计划的未来发展趋势进行分析和判断。

一、"三支一扶"计划实施的外环境分析

(一)未来5~10年高校毕业生的就业形势分析

中国大学生就业形势取决于两个核心因素：就业需求与供给。前者取决于一个国家的经济发展状况与国民经济结构，经济快速发展带来的是就业需求的不断扩大，不同的产业结构决定就业需求的内在结构；后者取决于一个国家的劳动力数量和质量，针对大学生就业而言，主要与大学毕业生数量、专业与需求的匹配度等因素有关。

1. 中国未来5~10年的经济走势分析

过去的几十年，中国经济增长的动力来源于消费、投资和出口(俗称"三驾马车")。当今中国经济发展面临四种压力影响：第一，受到欧美经济放缓影响。第二，中国经济发展或到了拐点。第三，多年来结构性矛盾的充分暴露。在产业结构方面，热的过热，冷的太冷。在分配结构方面，基本建设规模大，形象工程耗资多，群众收入少，国内需求不足。第四，人口红利率的下降。

在欧美经济持续低迷的大背景下，中国2012年劳动年龄人口开始净减少，2014年房地产长周期拐点出现，经济面临通货膨胀、财政债务和生态环境恶化等多种压力，亚洲开发银行(ADB)2013年10月2日公布的2013和2014年经济展望报告中，已经下调对亚太地区整体经济增长的预期。经济学家周其仁先生指出，中国经济将高位下行，下行拉力主要有全球金融危机收缩外需，中国国内经济很难独善其身，从中国经济的增速换挡进程看，已由快速下滑期步入缓慢探底期，未来经济将呈弱平衡的大L型，往后可能还有5~7年的底部调整期。未来经济L型仅是一种弱平衡状态，可能演变为增速换挡常见的三种形态：平滑过渡(中国台湾，改革提前完成)、深蹲起跳(日韩，危机倒逼改革)、深蹲后匍匐前进(拉美，危机后倒退民粹)。

当前经济形势与1999年颇为相似，都在前期经过一轮高速增长之后，遇到外部冲击，短期刺激之后经济增长再度回落，企业亏损、产能过剩、金融风险、通缩、失业等问题凸显。各界对原因和政策存在分歧：是外需不足和周期调整，还是体制和结构性问题？是再度刺激还是推动改革？当前宏观形势面临的本质问题是：旧产能出清面临体制性障碍，新供给释放面临体制性约束。根本出路在于改革破旧立新。

目前中国各界对增速换挡面临的严峻挑战及其深层次改革尚未达成共识，改革尚未开启破冰之旅。面对旧经济退潮形成的三大资金黑洞和滚雪球式的庞大宏观杠杆，政策通过财政微刺激和货币宽松继续举杠铃。但杠杆重量在膨胀，公共政策弹药却越打越少，形成对经济增长前景短期不担心、长期较悲观的局面。

2. 国内经济形势对就业需求的影响

在国内经济增速趋缓的背景下，国内就业面临严峻挑战。经济发展减速以及经济结构的调整，首先带来的将是就业需求的变化。一方面，国内经济发展减速导致就业的总体需求会减小；另一方面，经济结构的调整带来就业需求的结构调整。主要有以下几个方面：

一是制造业就业需求紧缩。随着全球经济危机影响的日益扩散，首先是跨国公司业务萎缩，减少了用人数量；其次是国内为国外多种产业提供零部件、原材料、半成品的制造业、出口型企业也受到影响；再次是影响到能源工业。我国金融、地产、外贸类企业以及位于珠三角、长三角的加工制造类企业的招聘岗位锐减，保险、汽车、航空、旅游、广告等行业也遭遇"寒流"，用人需求明显减少。受经济危机影响，一方面失业人员数量大大增加，另一方面企业招聘岗位减少甚至取消，使高校毕业生就业形势更加严峻。

传统渠道降低了吸纳能力。政府机关和国有企事业单位长期以来是接收大学毕业生的主渠道。但近年来，政府机构大幅度精简，因此不可能再大量吸收毕业生；同时，从中央到地方的历次机构调整中，分流人员基本上是在事业单位任职，而事业单位由于经费紧张等原因本身也面临着精简问题。

二是大中型企业的吸纳能力减弱。"十三五"及五中全会均提出"健康中国""美丽中国"，转型使得原先一些传统的、低附加值、高污染行业发展停滞，就业岗位急剧减少，相关专业的大学毕业生就业压力激增。部分国有大中型企业在经济结构转型过程中都面临着改制重组、减员增效、下岗分流的局面，其吸纳大学生就业的能力明显减弱。

三是信息时代对专业的新要求。互联网+使各行各业都面临升级换代，零售业不再是传统意义的商业，餐饮业不再仅局限于饭店，制造业转向智能及工业4.0。这些变化也加剧大学业就业的难度。现在，即便是名牌大学一流新闻学院的毕业生，如果不懂多媒体，也无法顺利应聘到一家媒体。

3. 中国未来5~10年大学生数量与质量的变化

(1)未来5~10年我国劳动力人口的变化。

过去的10多年，我国的高校应届毕业生人数总体处于不断攀升的趋势，从2001年的114万上升到2015年的749万，人数翻了将近7倍。以2015年来看，高校应届毕业生749万，加上2014年未就业的100多万毕业生，就业形势十分严峻(详见图56)。

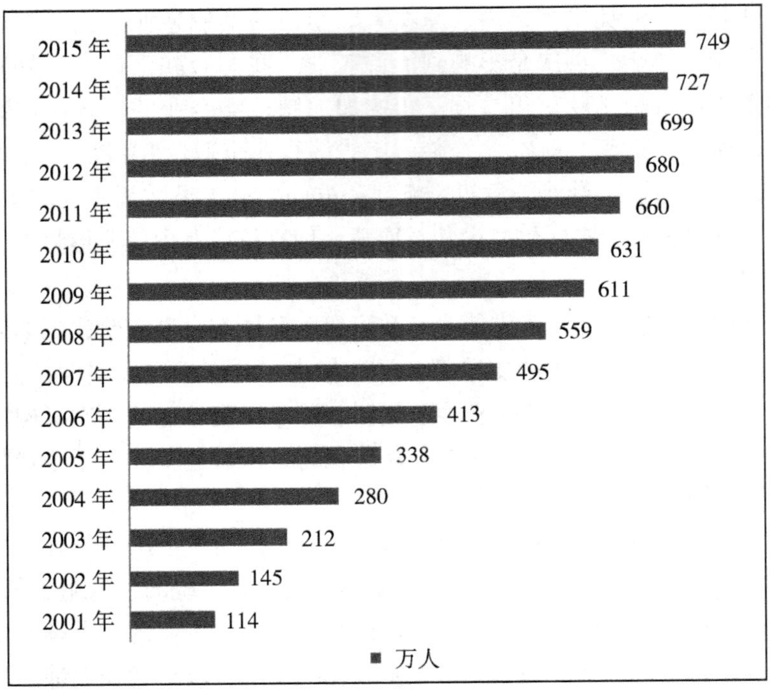

图56 全国高校毕业生人数(2001—2015年)①

未来5~10年大学毕业生的人数与我国人口的发展趋势息息相关。根据中国人民大学人口与发展研究中心的预测，2005—2012年我国15~64岁劳动年龄人口逐步上升到9.8亿，之后一直到2025年将基本稳定在9.9亿，2025年之后将出现下降②。说明未来5~10年期间，劳动力的供给基本稳定在9.9亿的区间，不会出现大幅度的下降。2025年以后，由于人口的负增长及老龄化社会的到来，劳动力的供给量会有较大幅度的下降（见表41）。

① 数据来源：http://www.eol.cn/html/c/2016gxbys/。

② 陈卫. 中国未来人口发展趋势：2005—2050年［J］. 人口研究，2006，30（4）：94-95.

表 41　**中国人口发展趋势①**

年份	总人口（万人）	人口数（万人）			出生率（‰）	自然增长率（‰）
		0~14 岁	15~64 岁	65+岁		
2005	130756	26961	93640	10154	12.65	5.89
2006	131537	26389	94731	10417	12.82	5.96
2007	132341	26012	95678	10651	13.07	6.09
2008	133179	25769	96551	10859	13.40	6.31
2009	134059	25688	97246	11125	13.78	6.59
2010	134985	25606	97980	11399	14.19	6.89
2011	135926	25675	98526	11725	14.34	6.94
2012	136863	25825	98931	12107	14.37	6.87
2013	137776	25986	99292	12498	14.23	6.65
2014	138646	26121	99497	13027	13.96	6.29
2015	139456	26231	99624	13602	13.59	5.83
2016	140199	26324	99747	14128	13.17	5.32
2017	140873	26390	99610	14873	12.74	4.79
2018	141477	26415	99511	15551	12.32	4.28
2019	142013	26394	99265	16355	11.93	3.79
2020	142484	26403	98943	17139	11.57	3.31
2025	143930	25224	99052	19654	11.20	1.22
2030	144155	22766	97467	23921	9.77	-0.14
2035	143860	21487	93530	28844	10.51	-0.56
2040	143103	21535	89566	32002	10.62	-1.52
2045	131290	21754	87085	32450	9.89	-3.29
2050	138279	21068	84138	33073	9.18	-4.93

① 数据来源：国民经济和社会发展统计公报。

（2）未来5~10年我国高校毕业生数量的变化。

我国从1999年开始了大规模的高校扩招，大学教育由“精英教育”向“大众教育”转变，大学毕业生人数急剧增加，2001年全国普通高校毕业生已达到115万人，而到2009年高校毕业生猛增到611万人，2014年达到了740万，高校毕业生数量的猛增，导致就业压力增大，整个就业市场需求岗位的总体情况相对趋紧。同时，前一阶段的大幅扩招也带来了少数高校教学质量下降、高校基础设施建设热等一系列问题①。

面对大学办学质量普遍下滑、大学生就业难的现状，高校扩招的脚步是否会放缓？全国人大教科文卫委员会委员顾海良表示“不会”，未来10年内，我国高校还将适度扩招。顾海良说，过去的6年内，全国高校招生人数增加了6倍。1998年，全国在校大学生总数不到800万，2011年增加到3167万。尽管如此，2012年我国高等教育的毛入学率只有30%，预计今年将超过30%。而目前，世界高等教育毛入学率平均为25%，中等发达国家早在2005年就达到46%②。按照规划，我国高等教育毛入学率2015年要达到35%，2020年达到40%，2025年达到46%。这意味着，高校扩招不会止步③。

（3）中国未来5~10年高校毕业生的就业形势分析。

如前所述，一方面，我国经济已经进入增速换挡期，将由快速下滑期步入缓慢探底期，未来经济将呈弱平衡的大L型，往后可能有5~7年的底部调整期。另一方面，经济增长速度放缓带来的将是大量的企业减员或倒闭。据有关统计，中国GDP每下降一个百分点，将会减少就业岗位100~200万人；出口每下降一个百分点，将会有30万至50万人失业。

---

① 蒋文生：高校扩招对毕业生就业影响的经济学思考［J］. 云南财贸学院学报，2006，22（1）：43.

② 未来高校还将扩张，http://news.cnhubei.com/ctjb/ctjbsgk/ctjb16/201310/t726151.shtml.

③ 蒋文生：高校扩招对毕业生就业影响的经济学思考［J］. 云南财贸学院学报，2006，22（1）：43.

与此同时，一方面，未来5~10年，我国劳动力人口数量将稳定在9.9亿，今后五年，城镇劳动力的供求缺口每年将达到1300多万人，比“十二五”期间压力更大；另一方面，我国高校招生人数在未来5~10年内仍将适度扩张，在高校连续扩招过程中，虽然毕业生的就业期望也处在不断的调整、下降之中，但在毕业生就业期望具有“刚性”、市场机制具有时滞性的情况下，高校的连续扩招势必造成毕业生就业期望的调整远远赶不上就业形势的变化，于是在较长的一段时间内，毕业生就业市场都难以实现均衡，因而毕业生就业难的现象会持续存在。

另外，还有高校教育潜在的问题。专业课程设置错位、教学知识更新缓慢、社会实践重视不够等原因，造成供求结构失衡。不少院校专业划分过细，难以跟上市场变化；一些高职、专科教育专业缺乏特色，培养出的学生没有竞争优势。可以预见，未来5~10年的高校毕业生就业形势将更加严峻。“十二五”期间，应届毕业生年平均规模超过700万人，2016年达到770万人，就业总量压力依然很大，劳动力供大于求的格局并未改变，就业形势相当严峻，而结构失衡将是就业难的主要因素，主要表现为：

①时间结构的失衡。在时间结构上，大学毕业生供给超量增长在短期内超出了需求的增长，劳动力市场还需要时间逐步调整。近年来，经济结构的升级速度加快，加快提升国民素质的需要，也极大地推动了高等教育的迅速发展。问题是，大学毕业生供给增长的速度远高于经济增长。

②区域结构失衡。在区域结构上，大学毕业生就业区域选择偏好差异与政府政策激励上的错位导致实际有效需求不足。由于我国经济发展的地区间与城乡间差异，经济欠发达地区特别是西部地区很难对大学生形成有效需求，而且在较长的时期内，地区性的有效需求不足的局面都将难以改变。

③专业结构失衡。就业的结构性矛盾将进一步加剧，其现实表现是部分企业“招工难”与部分劳动者“就业难”问题并存，且有常态化趋势，而随着经济结构战略性调整的推进，就业结构性矛盾将会更加复杂。不论是产业转型升级，还是节能减排、淘汰落后

产能等，都将对就业结构产生深刻影响，技能人才短缺问题势必更加凸显，结构性失业问题也会进一步加剧。与此同时，复杂多变的世界经济也使就业形势增加了更多变数。

（二）不同基层就业政策间的竞争环境分析

1. 中央层面的基层就业政策

近年来，中央各有关部门主要组织实施了 4 个引导高校毕业生到基层就业的专门政策，包括：团中央、教育部、财政部、人力资源和社会保障部四部门从 2003 年起组织实施的“大学生志愿服务西部计划”（简称“西部计划”）；中组部、人力资源和社会保障部、教育部等八部门从 2006 年开始组织实施的“三支一扶”（支教、支农、支医和扶贫）计划；教育部、财政部、人力资源和社会保障部、中央编办四部门从 2006 年开始组织实施的“农村义务教育阶段学校教师特设岗位计划”（简称“特岗计划”）；中组部、教育部、财政部、人力资源和社会保障部等部门从 2008 年起组织实施的“选聘高校毕业生到村任职工作”（简称“村官计划”）。

2. 省级层面的基层就业政策

选调生是各省区市党委组织部门有计划地从高等院校选调品学兼优的应届大学本科及其以上的毕业生、选拔具有 2 年以上基层工作经历的大学生“村官”到基层工作，并作为党政领导干部后备人选和县级以上党政机关高素质的工作人员人选进行重点培养的简称，也叫“优大生”“调干生”，经过公务员考试直接录用为公务员。选调生将作为党政领导干部的后备人选和县级以上党政机关高素质的工作人员人选，并能获得重点培养。这种高校应届毕业生简称“选调生”。

选调生将直接进入地方基层党政部门工作，作为党政领导干部后备人选和县级以上党政机关高素质的工作人员人选进行重点培养。2000 年，中央组织部发布了《中央组织部关于进一步做好选调应届优秀大学毕业生到基层培养锻炼工作的通知》，对进一步做好"选调生"工作提出了明确要求。

3. 市级层面的基层人才政策

部分地区结合当地实际情况，出台了一些市级层面的基层人才政策。如黄冈市实行了大学生实习实训政策，通过组织招募应届或在读大学生暑期到黄冈实习1个月，为当地培养服务基层人才，该政策是服务黄冈基层岗位的地方性政策和人才绿色通道。其实施方式为：由黄冈市人才管理办公室牵头，各县乡服务单位上报计划，人社部门进行资格审查和组织1∶3的面试，没有笔试；接收单位提供食宿安排和生活补助，每月补贴经费为500元；实习1个月期满后可以参加当地组织的专场招聘考试，考试合格留下来的可享受二级单位的编制和财政供给。大学生实习实训政策的首要目的在于引进紧缺人才，因此对学历要求较高，需要研究生、一本以上的本科生或紧缺专业的人才。和"三支一扶"计划相比，实习实训政策有竞争机制，但没有专业限制；参加人员只要愿意留下来，既可以安排在事业单位工作，也可以留在企业工作。

4. "三支一扶"计划的优势与劣势

以上五类主要的基层服务项目，实施对象均为同一个群体——高校毕业生，但是不同的政策在实施起始年份、主管部门、实施目标、服务期限、服务期内收入、期满待遇优惠政策等方面均有较大的差异，在实践中，不同的基层服务项目也存在一定程度的竞争性。

相对于其他四类基层服务项目，"三支一扶"计划的优势最主要有：

（1）选录相对容易。目前湖北省"三支一扶"计划的招录主要是通过省直相关主管部门的资格审查和基层用人单位的双向选择会，只有报名人数与招募计划达到5∶1以上时，才由服务岗位所在市、州"三支一扶"办视情况商所在县级"三支一扶"办自行组织资格考试，严格按1∶3的比例确定资格人选，并在市、州人社局门户网站进行公示。而村官计划、特岗计划、选调生等基层服务项目，均要参加省里统一组织的笔试，通过一定比例的筛选后才能进入面试，面试后按照一定比例录取，相对而言，录取程序比“三支一扶”计划更为严格。

（2）服务期间的待遇在基层服务项目中处于偏上水平。“三支一扶”的生活补贴标准参照当地乡镇事业单位从高校毕业生中新聘用工作人员试用期满后工资收入水平的标准确定，由于事业单位近几年工资套改，加上“三支一扶”计划人员直接享受事业单位试用期满后的工资标准，并有交通补贴和每人每年5000元的年度考核合格奖励，相对于西部计划（每月1000元生活补贴）、村官计划（无年度考核合格奖励）等基层服务项目，总体收入处于偏上水平。具体各基层服务项目的服务期间待遇详见表42。

表42　　**不同基层服务项目的待遇情况**

	生活补贴标准	其他收入	保险
“三支一扶”①	事业单位新聘用工作人员试用期满后工资收入水平的标准（部分地区可按规定高定薪级工资一至两级）	交通补贴400元；年度考核合格等次以上者，每人每年给予5000元	基本养老、基本医疗、工伤、失业和生育五项社会保险
西部计划②	每月1000元（国家艰苦边远地区津贴范围的，享受相应所在地津贴（标准120元~2149元不等））	一定的交通补贴；首次签约期为3年的志愿者，享受相应的学费和助学贷款代偿	人身意外伤害、住院医疗保险、普通门诊保险

① 数据来源：湖北省2015年度招募选派“三支一扶”高校毕业生公告。

② 数据来源：2015年大学生西部计划志愿招募通知。

续表

	生活补贴标准	其他收入	保险
特岗计划①	国家统一的工资制度和标准。与当地正式老师享有同等待遇	根据当地同等条件公办教师收入提供必要的交通补助、体检费	按规定纳入当地社会保障体系，享受相应社会保障待遇，政府不安排商业保险
村官计划②	按照新录用公务员试用期满后工资水平确定工作、生活补贴标准（在艰苦边远地区工作的，按规定发放艰苦边远地区津贴）	中央财政按每人2000元发放一次性安置费。符合国家助学贷款代偿政策规定、聘期考核合格的，其在校期间的国家助学贷款本息由国家代为偿还	参加养老社会保险。在村任职期间，办理医疗、人身意外伤害商业保险
选调生③	比照本地乡镇新录用公务员试用期满后工资收入水平确定工作、生活补贴标准	中央财政按每人2000元发放一次性安置费	办理养老、医疗、人身意外伤害等三项保险。此外，省委组织部会同省财政厅、中国人寿保险股份有限公司湖北分公司为大学生村官办理重大疾病和人身意外伤害综合保险

① 数据来源：2015年湖北省特岗教师招聘公告。
② 数据来源：湖北省2015年大学生村官选聘工作公告。
③ 数据来源：2015年湖北省选调生招录公告。

（3）服务期限相对较短。五个基层服务项目中，“三支一扶”计划的服务期限相对较短，除西部计划的服务期限可以为1年外（服务期2年及以上才能享受考研加分政策），其他的基层服务项目均为2年以上，从缓解就业压力的角度看，“三支一扶”计划由于服务周期短，可以解决更多的大学生就业问题。从大学生获得事业单位招考加分、公务员招考加分、考研加分等优惠政策的角度看，“三支一扶”计划2年的服务期限比村官计划付出的成本更低（见表43）。

表43　不同基层服务项目的服务期限

	西部计划	“三支一扶”	特岗计划	村官计划	选调生
服务期限	1~3年 可以续签	2年 不能续签	3年	3年 可以续签	5年

（4）加分政策在事业单位招考时具有明显优势。根据《2015年湖北省“三支一扶”招募公告》：各地县以上相关事业单位公开招聘工作人员时，可采取笔试加分的办法予以政策倾斜，综合科目笔试成绩总分增加5分。调研资料显示，“三支一扶”人员是每年事业单位招考的主要来源，如恩施州每年有200多名“三支一扶”人员使用加分政策参加事业单位招考，而直接加分的优惠比较大，如笔试总分200分，权重后加5分，笔试占40%，相当于总分加2分，而如今0.04分的差距都可以决定是否能进入面试。因而“三支一扶”人员在报考事业单位的笔试中占有明显优势，有些地区事业单位招考的前几名都是“三支一扶”人员，如建始县有50%~60%的“三支一扶”人员通过了事业单位招考。

相对劣势主要表现为“三支一扶”期满后优惠政策不及特岗计划和选调生。从表44中可以看出，除选调生直接是公务员身份外，其他四项基层服务项目期满后均可享受考研加分、公务员定向招录或加分等优惠政策，无显著性差异。相对于其他四项基层服务项目，“三支一扶”计划在事业单位招考方面有一些特别的优惠政策，如：各地县以上相关事业单位公开招聘工作人员时，可采取定向招聘或笔试加分的办法予以政策倾斜，县、乡各类事业单位相对应的自然减员空岗，优先聘用服务期满考核合格的“三支一扶”高校毕业生。但现场调查的数据显示，这些优惠政策远远不及直接解决编制的诱惑力大，如选调生正式录用后就具备公务员身份，特岗计划的教师期满后可以直接解决编制，相比之下，“三支一扶”计划的期满政策不具备核心竞争力，因而也不是高校毕业生在基层服务项目中的首选。

表 44　　不同基层服务项目的期满优惠政策

“三支一扶”	事业单位优先聘用：县、乡各类事业单位相对应的自然减员空岗，优先聘用服务期满考核合格的“三支一扶”高校毕业生。有岗位空缺需补充人员时，也可拿出一定岗位通过人社部门考核直接聘用服务期满考核合格的“三支一扶”高校毕业生 事业单位定向招聘或加分：各地县以上相关事业单位公开招聘工作人员时，可采取定向招聘或笔试加分的办法予以政策倾斜；定向招聘比例应不低于 40%，综合科目笔试成绩总分增加 5 分，定向招聘和加分优惠措施不同时实行 公务员定向招录：将拿出部分职位定向招录“三支一扶”服务期满考核合格的高校毕业生 考研加分：考试录用“三支一扶”高校毕业生服务期满后 3 年内报考硕士研究生的，初试总分加 10 分，同等条件下优先录取
西部计划	公务员招录加分：志愿者服务期至少满 1 年且考核合格的，可以应届高校毕业生身份报考公务员。报考中央机关和东、中部地区公务员的，同等条件下，优先录取；报考西部地区公务员笔试总分加 5 分 考研加分：志愿者服务期满 2 年考核合格的，3 年内报考研究生，初试总分加 10 分；同等条件下，优先录取

续表

特岗计划	解决编制：三年聘任期满后，对愿意留在当地学校的，当地政府要负责落实工作岗位，纳入教师编制，工资发放纳入当地财政统发范围 免推硕士：三年聘任期满后，可推荐免试攻读教育硕士
村官计划	选调生报考资格：在村任职2年以上，具备“选调生”条件和资格的，经组织推荐，可参加选调生统一招考 公务员招录加分：在村任职2年后报考党政机关公务员的，享受放宽报名条件、增加分数等优惠政策，同等条件下优先录用。县乡机关公务员应重点从选聘到村任职的高校毕业生中招录 考研加分：聘期工作表现良好、考核合格的，报考研究生享受增加分数等优惠政策，在同等条件下优先录取
选调生	选调生正式录用后具备公务员身份，其管理按照《公务员法》的相关规定执行

5. 不同基层项目的竞争环境分析

财政补助的竞争：由于不同的基层项目有着相同的财政补助机制，均是中央和地方共同负担，这意味着一个县的县级财政要同时负担多个基层项目，不同的基层项目之间存在一定的竞争性。

报考人数的竞争：现场调查数据显示，在这些基层服务项目中，高校毕业生的选择顺序分别为：选调生—特岗计划—“三支一扶”—村官计划—西部计划。

二、“三支一扶”计划实施的内环境分析

（一）期满优惠政策的可持续性分析

调研资料显示，湖北省“三支一扶”计划的期满优惠政策主

要包括三类：（1）加分类优惠政策，包括考研加分和事业单位招考加分；（2）定向招录类优惠政策，包括公务员定向招录和事业单位定向招聘；（3）直接转聘类优惠政策，包括直接转聘和考核转聘。目前，各地根据当地的实际情况对不同的期满优惠政策（尤其是后两类政策）进行了不同程度的探索，并取得了一些成绩。但是，这些优惠政策实施的基本条件是什么？是否适合在全省推广？优惠政策是否具有可持续性？这些问题尚缺乏深入的研究。

1. 加分类优惠政策

加分类优惠政策主要包括考研加分和事业单位招考加分，是“三支一扶”学生中使用较为广泛的优惠政策。“三支一扶”、西部计划和村官计划的服务人员均享受报考硕士研究生初试总分加10分的优惠条件，但事业单位招考综合科目笔试成绩总分增加5分是“三支一扶”计划独有的优惠政策。两种加分政策因为不涉及地方编制的问题，实施要求的条件简单，可操作性和可持续性都比较好。目前主要涉及的是公平性问题，调研中有部分人反映，基层事业单位社会公开招考时，由于“三支一扶”的事业单位招考加分政策，前几名几乎都是“三支一扶”人员，对其他的考生可能不公平，也不利于用人单位招选优秀人才。

2. 定向招录类优惠政策

定向招录类优惠政策包括公务员定向招录和事业单位定向招聘，每年公务员招考中都拿出部分职位定向招录“三支一扶”服务期满考核合格的高校毕业生，但数量比较少。事业单位定向招聘的政策与事业单位公开招考加分的政策不能同时使用。调研资料显示，目前大部分地区实施的是事业单位招考加分政策，使用定向招聘的地区比较少，主要是因为按照事业单位公开招考的相关规定，定向招聘需要有一定比例的“三支一扶”人员报考才能开考，只能在同一地区同一专业“三支一扶”人员报考数量比较充足的情况下使用。同样，定向招录类优惠政策不涉及编制问题，可持续性较好，但由于数量和实施条件的限制，使用范围比较小。

3. 直接转聘类优惠政策

直接转聘类优惠政策，包括直接转聘和考核转聘。这种转聘类的政策依据是：“县、乡各类事业单位相对应的自然减员空岗，优先聘用服务期满考核合格的‘三支一扶’高校毕业生。有岗位空缺需补充人员时，也可拿出一定岗位通过人社部门考核直接聘用服务期满考核合格的‘三支一扶’高校毕业生。”调研资料显示，目前使用较多的是支医人员直接转聘，尤其是临床专业等基层急缺的人才，在服务期满考核合格后，经用人单位讨论并向有关政府部门提交直接转聘报告，批准后可直接转为事业单位正式职工，考核转聘与直接转聘的区别在于在转聘前增加了考核程序，程序更为规范。如宜昌市委组织部、市编办等部门协商后，2014 年出台了《市委组织部、市委编办、市人社局关于认真做好“三支一扶”高校毕业生服务期满就业工作的通知》（宜人社发〔2014〕15 号），明确表明“三支一扶”人员服务期满后，单位有空编时，经本人申请、主管部门考核、体检等程序，并报请县政府同意后可直接聘用到服务单位工作，他们反映“三支一扶”学生比直接社会招考来的大学生工作能力更强，因为经过了 2 年的观察，选拔出来的都是比较优秀的人员。另外，部分地区虽然没有出台统一明确的政策文件，但也在局部实施了直接转聘或考核转聘的优惠政策。如黄冈市的支医人员取得（助理）执业医师执照后，通过当地人社部门牵头，医院考核合格后直接聘用；汉川县 2014 年也通过考核转编 32 人，为当地基层事业的发展注入了新鲜血液。

两种转聘实施的条件有：用人单位有空编、用人单位愿意留人、“三支一扶”人员表现优秀、相关领导与部门的支持。值得注意的是，尽管这种转聘形式是最受“三支一扶”人员和用人单位欢迎的优惠政策，但是由于与《事业单位人事管理条例》中的事业单位“凡进必考”政策有一定的冲突，实施起来有一定的政策风险，考核或转编程序的公开性和规范性常常受到质疑，同时也涉及与其他基层服务项目如村官计划之间的公平性问题，目前只在小部分领导思想比较开放和政府部门比较配合的地区实施。另外，两种转聘形式均有一个前提条件——当地有空编，在编制比较充裕的地区可以适当采用，其可持续性取决于“三支一扶”期满人数与当地事业单位空编数的关系，也就是说，当地每年自然减员的人员数与“三支一扶”期满人员数基本持平，才能保证当地期满的“三支一扶”人员顺利转编。当空编数小于期满人员数时，或者引入择优机制淘汰部分期满人员，或者选择隔几年转编一次。从目前的实施情况来看，大部分地区的直接转编政策缺乏连续性，如宜昌市2012年有40人转编，2013年、2014年没有人转编，2015年有20人转编。考虑到未来事业单位的编制可能趋紧，直接转聘或考核转聘政策的可持续性不强，但在目前基层人员老化严重的情况下，此政策可以迅速地为基层补充新鲜血液，不失为过渡期解决基层事业单位人员问题的一个好方法（如表45）。

表45　**不同“三支一扶”期满优惠政策的比较分析①**

	加分类优惠政策	定向招录类优惠政策	直接转聘类优惠政策
实施条件	不与定向招聘同时使用	“三支一扶”报考人员数量充足	用人单位有空编，用人单位愿意留人，“三支一扶”人员表现优秀，相关领导及部门的支持
应用范围	大部分地区	部分地区	支医等紧缺专业
可持续性	较好	较好	较差
缺点	公平性问题	定向招录数量少	政策风险 公平性问题

① 数据来源：现场调研资料。

4. 典型案例：宜昌的储备人才制度

宜昌位于我省西南部，长江中游，地形复杂，高低相差悬殊，山区占67.4%，丘陵占22.7%，平原占9.9%。西部的兴山、秭归、长阳、五峰和夷陵区西部为山区，夷陵区的东部、当阳、远安、宜都等县（市、区）为丘陵。由于特殊的地理位置，该市的部分山区县市人才招募非常困难。2012年，宜昌市根据《省委组织部、省人社厅等关于印发〈湖北省“三支一扶”高校毕业生服务期间和服务期满有关政策的意见〉的通知》（鄂人社发〔2010〕36号）、《省委组织部、省人社厅等关于印发〈湖北省“三支一扶”工作管理办法（试行）〉的通知》（鄂人社规〔2012〕3号），出台了《市委组织部、市委编办、市人社局关于认真做好“三支一扶”高校毕业生服务期满就业工作的通知》（宜人社发〔2014〕15号），按照文件精神，当地学历二本及以上的“三支一扶”人员，期满后可以通过当地人社局组织考试、面试，编制统一放在县人才交流中心，人员分到乡镇储备区各个办公室，工资由人才交流中心参照当地乡镇正式职工工资水平发放，经2~3年的储备期后，人社局、组织部、服务单位组团进行考核，有空编后由集体编户口转为个人户口。2012年有40人成功转编，2013年、2014年没招人，2015年有20人成功转编。在储备人才制度实施之前，很多县市招募不到人才，实施后每年计划指标都招满了，促进了当地基层事业的发展。

（二）财政负担比例与计划的可持续性分析

根据《关于组织开展高校毕业生农村基层从事“三支一扶”工作的实施意见》，湖北省“三支一扶”高校毕业生基层服务期间的主要收入包括：每月享受生活补贴，每人每年发放交通补贴400元，年度考核合格等次以上者，每人每年给予5000元的奖励，并按当地城镇职工参保办法办理基本养老、基本医疗、工伤、失业和生育五项社会保险。在这些收入中，其中有2.5万元来自中央和省里的财政补助，其余部分来自地方财政补助。

调查资料显示，湖北省各地“三支一扶”人员的实际收入有较大差距，除了地区间经济不平衡、行业间的收入差距等因素外，还有一个重要原因是各地对“生活补贴参照当地乡镇事业单位从高校毕业生中新聘用工作人员试用期满后工资收入水平的标准”的理解不同，以及部分奖励性绩效工资发放的程度不同。根据各地生活补贴实际的发放水平，可以分为三类（详见表46）：

表46　　**不同类型财政负担比例的对比分析**

	地方财政未负担	地方财政负担小部分	地方财政负担大部分
招募积极性	较高	一般	较低
“三支一扶”人员满意度	低	较低	相对较高
未来发展的预测	招募困难 离岗率高	招募较困难 离岗率较高	招募相对容易 地方财政负担重

第一类：地方财政基本没有补贴，“三支一扶”人员的总收入2.5万左右，无保险或有少数险种，中央和省里财政补助几乎负担了“三支一扶”人员所有的生活补贴和其他收入。这类地区招募“三支一扶”人员的积极性较高，但“三支一扶”人员的满意度较低，如黄冈浠水县人社部门“三支一扶”服务期内人员反映，每月到账1547元，无奖金，加上每年400元交通补贴和5000元年度考核奖励，以及缴纳的养老和医疗保险，税前总收入2.5万元左右，地方财政没有任何配套补助，该人员表示随时准备离开那里。另外，孝感大悟县与浠水县情况类似，“三支一扶”人员每月生活补贴到账1600元，保险有的单位有，有的单位没有，税前年总收入2.5万元左右，县级财政没有配套，但当地出台了解决编制的优惠政策，留住了一部分“三支一扶”人员。这一类地区在未来可能面临不同程度的人员招募困难、离岗率高的困境，出台解决编制政策的地区可能相对好些。

第二类：地方财政有小部分补贴，“三支一扶”人员的总收入

3~4 万元，无保险或有少数险种，中央和省里财政补助负担了“三支一扶”人员大部分的收入，地方财政补助 5000~15000 元。如孝感孝南区“三支一扶”人员生活补贴每月到账 2300 元，没交保险，加上 5000 元年度考核激励和 400 元交通补贴，总收入 3 万元左右，地方财政补贴补助每人 5000 元，占“三支一扶”人员总收入的 1/6。这类地区招募积极性比较高，但“三支一扶”人员满意度偏低，部分地区出台直接转编等优惠政策，以吸引“三支一扶”人员留在基层。这一类地区在未来可能面临第一类地区的困境。

第三类：地方财政提供了大部分补贴，“三支一扶”人员的总收入 4~5.5 万元，无保险或有少数险种，中央和省里财政补助只负担了“三支一扶”人员的小部分收入，地方财政补助 15000~20000 元/人。这部分地区大多按照事业单位工资套改标准调整了“三支一扶”人员的生活补贴标准，如宜昌当阳县、秭归县，黄冈团风县等地“三支一扶”人员均按照新的事业单位人员工资标准发放生活补贴，每月到账 3500 元，加上 5000 元年度考核激励 500 元交通补贴，以及其他绩效奖励 3000~4000 元，每年总收入可以达到 5 万元左右，其中，当地财政补助 20000~25000 元，占“三支一扶”人员总收入的 50%以上。这类地区有部分还同时实施了期满后考核转聘等优惠政策，如宜昌当阳、秭归等地，“三支一扶”人员满意度较高，但当地财政负担比较重，部分地区招募积极性较高，部分地区招募积极性受到影响。

调研中有部分地区反映，若中央和省里的补助太少，县里负担“三支一扶”人员的大部分收入，就会比较倾向于通过事业单位公开招考来解决当地基层人才问题，没有必要通过“三支一扶”计划招募。因为相对于“三支一扶”人员，事业单位招考来的正式职工更稳定，更利于单位培养和重用，若地方财政要负担 50%以上的比例，就没有必要来培养这些流动性较高的“三支一扶”人员，成本高又产生不了效益。

大部分地区的“三支一扶”管理人员表示，应适当提高中央和省里的财政补助比例，如果中央和省里补贴太少，地方不可能配套更多。若保持现在的财政补助水平，“三支一扶”人员待遇低满意度低，地方招募积极性也低，“三支一扶”计划的可持续性会受到影响。

部分地区管理人员和用人单位负责人表示，“三支一扶”计划为基层缓解了人力匮乏的问题，但现行的“三支一扶”计划人员数量太少，不是没有指标，而是因财政负担太重不敢要指标。有些地区采取用人单位出钱的方式，中央和省里财政不足的部分由用人单位自行补上，这样一来，越需要人的地方，越穷的地方，越招不到人，非常不利于基层事业的发展。

经测算，若按照新的事业单位工资标准，“三支一扶”人员调整生活补贴后的总收入将达到4.5~6万元，地方财政补助比例将上升到50%以上，对于大部分地区，尤其是一些贫困地区，是非常重的财政负担，若不能及时调整中央和省里的财政补助比例，当地领导可能会降低执行“三支一扶”计划的意愿，选择减少“三支一扶”招募指标，甚至会放弃“三支一扶”计划而转向事业单位公开招考来获取人才，“三支一扶”计划的可持续性和实施质量会受到影响。

（三）支医计划的可持续性分析

1. 支医计划的特殊性

相对于“三支一扶”计划中的其他政策而言，支医计划是一个比较特殊的政策，其特殊性主要体现在医学专业的特殊性、医学毕业生就业形势的特殊性，以及农村基层卫生人才需求的特殊性。

（1）医学专业具有培养周期长、执业门槛高、专业性强、实践性强的特点。首先，医学生培养周期长。本科五年毕业后还需要参加住院医师规范化培训，比其他的专业培养周期都要长。其次，专业性强。医学执业门槛不同于其他行业，需要有（助理）执业医师执照才能有处方权，而高等学校医学专业本科以上学历的学生，在医疗、预防、保健机构中试用期满一年后才能参加执业医师资格考试，近几年的通过率仅为20%左右，专科毕业生在医疗、预防、保健机构中试用期满一年后才能参加助理执业医师资格考试，通过率稍高为30%左右。最后，实践性强。医学是一门实践性非常强的应用学科，五年的本科学习不足以支撑后续的临床工作，毕业后对临床技能培训的需求比其他专业要高得多。较长的培养周期、较高的行业门槛以及实践能力的要求，决定了医学生毕业后不能马上在临床发挥作用，仍需进行实践技能的培训和执业资格的考试。

（2）临床医学专业毕业生需大于求。近年来因为医疗执业环境的恶化，报考医学院的生源数量和质量都在下降，毕业后愿意从医的医学生比例在下降。与此同时，随着人们对健康和保健的关注度越来越高，医学行业的发展势头也越来越迅猛，医学人才的需求日趋旺盛，尤其是像内科、外科、麻醉、口腔等热门专业人才更是供不应求，导致医学毕业生的竞争非常激烈。湖北虽然是一个医学高等院校较多的省份，但由于全国的临床医学专业毕业生需求旺盛，毕业生存在东南飞的现象，每年毕业的医学生仍然不能满足本省的需求，总体而言，临床医学专业毕业生的就业形势处于需大于求的状态。

（3）农村基层卫生机构急需医学专业人员。随着近几年新一轮医药卫生体制改革的深入，农村乡镇卫生院设备设施得到了较大改善，县医院也因国家政策的大力支持发展较快，快速的发展和规模的扩张均需要医学人员的支持。在这场医学毕业生的竞争中，条件好的医疗卫生机构无疑更具优势，导致卫生人才的倒吸现象，即规模扩张的三级医院吸收了二级医院中比较优秀的卫生人才，二级医院从乡镇卫生院中吸收了比较优秀的卫生人才，乡镇卫生院只有从村卫生室中吸收比较优秀的卫生人力资源，这样层层倒吸犹如一个抽水机，抽干了基层的卫生人才，最终的结果是最靠近基层的村卫生室出现卫生人力资源真空、乡镇卫生院卫生人才紧缺、县级医疗卫生机构人才匮乏的现状。

2. 湖北省支医计划实施的现状

在这种大环境下，支医计划的实施无疑对农村基层卫生事业单位的发展具有重要的现实意义。但遗憾的是，调研资料显示，尽管目前支医计划的人员招募条件是“三支一扶”计划中最低的（大部分县市专科即可），收入是“三支一扶”人员中最高的，但近几年湖北省支医计划的实施规模仍出现萎缩趋势。

（1）支医人员招募规模逐渐萎缩。

近五年，湖北省支医计划的总体招募规模在200~300名左右，如图57所示，每年支医实际招募人数远远低于计划招募人数，2013年后，计划招募人数也开始在下降，大部分地区的招募学历条件降到专科，尽管如此，实际招募人数还是不能满足计划需求，招募困难成为常态。如湖北黄冈罗田县近三年一个支医人员都没有招募到，报名情况十分不理想。孝感市孝南区只招募到2个临床专业的，其他都是护理专业，同时支医人员流失现象严重，如中途脱岗到县级三甲医院工作。

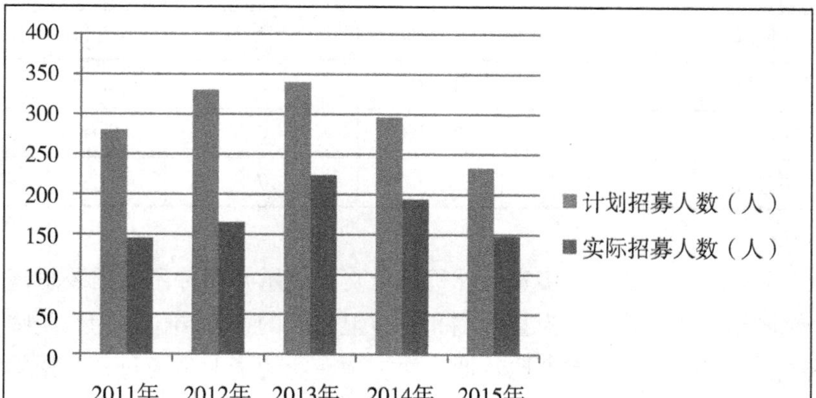

图57 湖北省第二轮“三支一扶”计划支医项目招募情况①

（2）支医计划的人岗匹配度较差。

随着各地县医院和乡镇卫生院业务的发展，目前农村基层卫生事业单位急需临床医学、放射、医学影像、麻醉等专业的人员，但

① 数据来源：湖北省“三支一扶”计划招募通知（2011—2015）。

是招募来的“三支一扶”人员的人岗匹配度较低。以恩施建始县为例，现场调研数据显示，2014 年建始县医疗卫生、计生机构需求临床医学专业支医人员 18 名，约占需求总数的 60%，而实际下派临床医学专业支医人员 2 名，占 2014 年下派支医人员的 28.57%，剔除需求总量不能满足的因素，实际下派临床专业的支医人员占所下派人员总数的比例也远远低于需求比例。与此同时，下派的护理岗位支医人员的比例高于护理岗位在需求中的比例（见表 47）。

表 47 **建始县 2014 年支医项目需求人数与下派人数对比分析**

所需专业	需求人数（人）	所占比例	下派人数（人）	所占比例
临床医学	18	60.00%	2	28.57%
护理	8	26.67%	2	28.57%
会计	1	3.33%	0	0.00%
检验	1	3.33%	3	42.86%
放射	1	3.33%	0	0.00%
针灸推拿	1	3.33%	0	0.00%
总计	30		7	

访谈资料显示：多家医疗机构负责人表示基层并不太需要护理专业的支医人员，因为县医院和乡镇卫生院的护理岗位多为医院临时招聘人员，用人成本比较低，而护理专业的毕业生通过社会招聘等渠道招聘并不难，希望能把有优惠政策的支医名额尽可能多地留给基层最需要的临床医学专业毕业生。

另外，支医计划仅局限于卫生技术专业。随着近年来新一轮医药卫生体制改革的深入，基层医疗卫生机构加强了信息化建设，改变了财务核算方式，因而急需一些非卫生的专业技术人才，如计算机、财会等专业人才，但目前的支医计划只招收卫生技术类的毕业生，如护理、中西医等，尽管基层医疗卫生机构急需，支医计划也有多的指标，但因不是卫生类专业而被拒之门外。

（3）部分地区已经逐渐放弃支医计划。

事业单位工资调高标准后，地方财政负担加大，许多地区是由用人单位来承担支医人员的财政补助不足，而刚毕业的支医人员没有医师执业执照，不仅不能在临床上充分发挥作用，还要花费大量的时间准备执业医师考试和硕士研究生考试。用人单位不仅要负担支医人员的补助，还要负责支医人员的培训和见习，多数基层医疗机构的领导都表示，更愿意通过事业单位招考或医院自主招聘等渠道来补充医疗人员，部分地区已经开始放弃支医计划。

如恩施卫计委有关领导表示，现在三本的医学毕业生至少想在州医院工作，根本下不到乡镇卫生院去，他们还要求在县医院见习，管理起来比较麻烦，最后就放弃了。宜昌长阳县有关领导表示，近几年只能招收到专科毕业生，招收不到本科生，对支医计划没有多大兴趣，而专科生、护理专业是本地不怎么需要的。另外，由于医学专业实践性要求高，临床专业支医人员在中心乡镇卫生院还可以勉强工作，在小的乡镇卫生院根本没人带教，病人也很少，也不利于医学专业毕业生自身的成长。相当比例的乡镇卫生院院长反映，支医人员第一年在县医院见习，第二年下到乡镇卫生院基本都在准备考试，根本发挥不了什么作用。

（4）典型案例：恩施州咸丰县唐崖镇卫生院的医生现状。

唐崖镇卫生院编制病床 99 张，开放 80 张，人员 63 人，29 个在编，其中有 6 名执业医师，内科、外科、妇科、儿科共 10 名医生。平时 6 个执业医师轮流在岗，白天要出诊，长期没有休息双休。医生多是专科生，学历基础差，临床经验差，本科生大多留不下来，原因在于乡镇卫生院条件差、工作条件和待遇低，平均工资为每年 3 万元左右，新来的医生每年才 2~3 万元收入。目前医生 35 岁左右的 2 个，其余的都比较年轻，26 岁左右。没有 40 岁以上的医生，因为十年内卫生院没有进过人，年老的都退休了。乡镇卫生院与上级医院的行医环境不同，由于乡镇卫生院比较缺设备，没有除颤器、呼吸机等急救装备，很多医学专业毕业生到了农村基层不知道怎样在没有这些设备的情况下看病，卫生部门也没有组织相关培训。另外，乡镇卫生院病人也不多，都是些慢性鼻炎、感冒等常见病，很多学生到基层都荒废了，没有学到技术，所以不好招人，即使招到了人也没有意义，学生很难适应乡镇卫生院，一般都需要6~7年才能适应卫生院工作。这期间还需要不断进修、锻炼和提高悟性。支医人员来了大多无法适应，也无法成长，是一种资源浪费。

综上所述，支医计划实施规模逐渐萎缩的原因主要有：①临床医学本科毕业生就业形势相对较好，在乡镇实践能力得不到提高，不愿意报考。②部分乡镇卫生院以及县医院已经逐渐放弃通过支医计划途径来补充人员，因为人岗匹配度差，需要的招不来，招来的在单位发挥不了太大作用，还要负担相当的财政补助不足部分，不如直接社会公开招聘。照此发展下去，支医项目在未来5~10年的可持续性发展不容乐观。

（四）四个基层服务项目统筹管理的可行性分析

近年来，中央各有关部门主要组织实施了四个引导高校毕业生到基层就业的专门政策，包括“大学生志愿服务西部计划”（简称“西部计划”）；“三支一扶”（支教、支农、支医和扶贫）计划；“农村义务教育阶段学校教师特设岗位计划”（简称“特岗计划”）；“选聘高校毕业生到村任职工作”（简称“村官计划”）。尽管负责实施的部门不同，政策的初衷不一，但这些基层服务项目有一些共同的特点：

（1）政策目标和招募对象基本相同，政策目标均涉及缓解高校毕业生就业压力、促进基层人才培养和基层事业发展三个主要的目标，招募对象均重点针对全日制普通高校本科应届毕业生。

（2）各类基层人才政策的管理中，除西部计划外，均有人力资源与社会保障部门的参与。如在特岗计划的选拔招聘过程中，人社部门与教育部门一起组织实施教师的选聘工作，在村官计划中，人社部门与组织部门一起负责村官的笔试和考核工作。

（3）管理内容基本相同。均涉及制定计划、组织招募、岗前培训、日常管理、期满考核等工作内容。

（4）每个政策都有一套信息管理系统。现有大学生志愿服务西部计划信息管理系统、“三支一扶”信息管理系统、教育部特岗教师信息管理系统、大学生村官管理信息系统四个信息管理系统。

（5）服务的领域大同小异，都涉及基础教育、农业科技、医疗卫生、基层事务等领域。

（6）财政供给机制相同，均为中央和地方共同负担，但各政策的中央财政补助标准不同。如“三支一扶”计划中央财政补助标准为人均每年1万元，而特岗计划中央财政补助标准为西部地区人均每年2.7万元，中部地区人均每年2.4万元。

（7）组织实施的方式相同，大多以政策方式运作，均没有专职的机构和人员，政策办的人员同时要负责多个政策。

除了以上共同点，这四个基层服务项目在牵头单位、实施年份、政策侧重点方面均有差异，主要体现在：

（1）招募对象范围和要求略有不同。如表48所示，对西部计划政策招募对象的要求侧重于应届或在读（研究生），既包括应届本科生，也包括应届专科生以及在读研究生，学历层次较为丰富；对“三支一扶”计划招募对象的要求比较侧重于学历和是否应届，只有在边远艰苦地区、特殊岗位生源不足时，可经批准适当放宽到普通高校应届专科毕业生或上届本科及以上学历普通高校毕业生；对特岗计划招募对象的要求与“三支一扶”计划基本一致，主要侧重于学历和是否应届，以全日制普通高校应届本科毕业生为主，在特殊情况下，可招部分有从教经历或基层工作经历的毕业生，如少量应届师范类专业专科毕业生，以及取得教师资格证、具备有一定教育教学实践经验、年龄在30岁以下的全日制普通高校往届本科毕业生，并且参加过“大学生志愿服务西部计划”、有从教经历的志愿者和参加过半年以上实习支教的师范院校毕业生同等条件下优先；村官计划招募对象的要求比较侧重于政治素质与年龄，如是否是中共党员或优秀学生干部的毕业生，对学历及是否应届的要求不及其他基层人才政策高，30岁以下应届和往届毕业的全日制普通高校专科以上学历的毕业生均可报名参加选聘。

（2）政策的牵头单位不同，开始实施的年份和招募规模也不同。西部计划实施得最早，2003年由团中央牵头，教育部、财政部、人力资源和社会保障部三部门参与沟通组织实施，从2016年起，西部计划政策由中央部门直接组织实施调整为中央部门和地方政府共同组织实施，2015年招募了316名。“三支一扶”计划自2006年起，主要由人力资源和社会保障部门牵头，与组织部门、教育部门、财政部门、农业部门、卫生和人口计划生育部门、扶贫开发办、团省委联合成立“三支一扶”工作领导小组和工作协调管理办公室，负责这项工作的统筹规划、协调和指导工作，2015年招募了1250名。特岗计划也是2006年开始实施，由教育部门牵头，财政部、人力资源和社会保障部、中央编办等部门参与，2015年招募了3200名。村官计划2008年开始实施，由组织部牵头，会同中农办、教育部、公安部、民政部、财政部、人力资源和社会保障部、农业部、国家林业局、国务院扶贫办、团中央共同组织开展实施的政策，组织实施机构是各级党委组织部门，2015年招募了1200名。

（3）选拔方式不同。各政策均遵循公开招募、自愿报名、组织选拔、统一派遣的原则，除“三支一扶”计划外，其他三个基层服务项目均要通过笔试和面试的选拔程序。西部计划是高校政策办组织笔试和面试；“三支一扶”计划是报名人数与招募计划达到5∶1以上时，由服务岗位所在市、州“三支一扶”办视情况自行组织资格考试；特岗计划是省教育考试院统一组织考试；村官计划是省组织部门组织笔试，以市（州）为单位组织面试。

（4）服务期限和续签规定不同。西部计划的最低服务期限为1年，可以续签，最高为3年（服务期2年及以上才能享受考研加分政策）；“三支一扶”计划的服务期限是2年，原则上不允许续签；特岗计划的服务期限是3年，可以续签；村官计划的服务期限是3年，可以续签。

（5）服务期间的待遇不同。各基层服务项目的生活补贴标准不同，如“三支一扶”的生活补贴标准参照当地乡镇事业单位从高校毕业生中新聘用工作人员试用期满后工资收入水平的标准确定，由于事业单位近几年工资套改，加上“三支一扶”计划人员直接享受事业单位试用期满后的工资标准，并有交通补贴和每人每年5000元的年度考核合格奖励，相对于西部计划（每月1000元生活补贴）、村官计划（无年度考核合格奖励）等基层服务项目，虽低于特岗计划，但总体收入处于偏上水平。

（6）期满优惠政策不同。四个基层服务政策均有考研加分、公务员定向招录等政策，但是，特岗计划人员期满后有编制保障，“三支一扶”计划目前部分地区实施了直接转聘或考核转聘，有一定程度的编制保障，西部计划和村官计划目前都没有编制保障。

（7）人才培养方向不同。西部计划主要是针对志愿者，由于服务期限可长可短，对志愿者的专业要求不高，大多从事青年事务类的岗位；“三支一扶”计划主要针对事业单位，部分政策对专业要求较高，培养方向主要是事业单位人员；特岗计划的人才培养方向最具体，就是培养农村义务教育阶段教师；村官计划主要是培养党政人才，未来的发展方向更多是向公务员和选调生靠拢，如山东等地已经开始探索村官与选调生并轨的机制。

表48　**不同基层服务项目的对比分析**

政策名称	西部计划	“三支一扶”	特岗计划	村官计划
实施年份	2003年	2006年	2006年	2008年
2015年全国招募规模(名)	11000	20000	70000	20000
2015年湖北招募规模(名)	316	1250	3200	1200
牵头部门	团中央	人力资源和社会保障部	教育部	中央组织部
组织体系	各级大学生志愿服务西部计划政策管理办公室（团中央-团省委-团市委-团县委-高校政策办）	各级“三支一扶”管理协调办公室（人社部-人社厅-人社局）	各级特岗计划政策管理办公室（教育部-教育厅-教育局）	各级组织部门（中央组织部-省委组织部-市委组织部-县委组织部）

续表

政策名称	西部计划	“三支一扶”	特岗计划	村官计划
遴选方式	高校政策办组织报名学生开展笔试、面试	报名人数与招募计划达到5：1以上时，由服务岗位所在市、州“三支一扶”办视情况组织资格考试	省教育考试院组织笔试，市州组织面试	人事考试院统一笔试，由市、县党委组织部组织面试和组织考核
期满编制保障	无	部分地区有	有	无
服务期限	1~3 年	2 年	3 年	2~3 年

综合分析四个基层服务项目，可以发现，四个政策在招募对象、政策目标、管理内容、财政补助方式等方面非常类似，同时具备统筹管理的一些基本条件，如信息系统等，若要统筹管理，可以考虑两个层面的统筹管理：

①管理层面的统筹。如上所述，四个基层服务项目在管理程序和内容方面基本类同，均包括招募、选拔、培训、安置、日常管理、考核等常规性的管理工作，不同政策的实施主体也是省市县各级政策办人员。目前四个不同政策的管理系统均在做着类似的工作，若能统筹管理可以较大程度地减少管理成本，提高管理效率。基于四个政策均有人社部门的参与，可以考虑在人社部门设立一个专门的基层服务项目管理办公室，专门负责基层服务项目的常规性管理工作。

②政策层面的统筹。政策层面的统筹是指不同政策实施的政策逐步统一，如服务期内待遇、服务期限、期满优惠政策等。目前实施政策层面的统筹有一定的难度，不同政策的中央财政补助不一、期满优惠政策不一、政策侧重点也不一，加上政策运行自身有一定

的惯性，只能逐步建立四个政策之间的衔接机制，时机成熟时再统筹管理。同时，要考虑四个政策与其他省级基层服务项目之间的统筹机制，如《中组部关于做好2015年大学生村官选聘工作的通知》中指出，要着眼于解决大学生村官的后顾之忧，鼓励借鉴山东等地与选调生并轨的做法，探索通过与公务员、选调生录用和事业单位工作人员招聘相衔接的方式选聘大学生村官。

三、“三支一扶”计划未来5~10年的发展趋势判断

“三支一扶”计划未来的发展趋势取决于计划实施的内外环境，根据上文的分析，未来5~10年，“三支一扶”计划将机遇与挑战并存，其发展趋势深受计划本身的优势劣势影响。

（一）“三支一扶”计划总体发展趋势的SWOT分析

（1）外环境的机会：未来5~10年的高校毕业生就业压力依然很大，劳动力供大于求的格局并未改变，就业形势相当严峻，这将是“三支一扶”计划可持续性发展的外在动力。

（2）外环境的挑战：不同的基层服务项目之间也存在一定的竞争性，未来5~10年，其他的基层服务项目也在发展，并且可能还会有新的基层服务项目出现。同时，由于事业单位改革等因素，可能导致基层机关事业单位的吸纳能力逐渐变小，影响“三支一扶”计划的可持续性。

（3）计划自身的优势：“三支一扶”计划的待遇、服务期限和期满优惠政策与西部计划、村官计划相比，具有一定的竞争力。

（4）计划自身的劣势：招募机制不完善，离岗率高，计划内不同政策之间有较大差异，政策的管理体系还需进一步完善。

综上所述，未来5~10年，在就业形势严峻的外环境下，“三支一扶”计划依然具有持续实施和发展的必要性，但财政供给机制将是决定其能否可持续性发展的关键性因素。同时，由于不同基层服务项目的影响，“三支一扶”计划未来的实施环境将更加复杂，其招募机制和期满优惠政策等需要在公务员招考、事业单位招

考、选调生招考等就业渠道中找到一个实施的平衡点。

（二）“三支一扶”计划未来的总体发展趋势判断

1.“三支一扶”计划仍是重要的基层就业项目

未来5~10年，我国经济将进入增速换挡期，就业需求萎缩，与此同时，高校仍将适度扩招。可以预见，未来高校毕业生就业形势将更加严峻，而湖北省作为教育大省，总体就业压力在未来5~10年内不会得到根本性的缓解。第二轮“三支一扶”计划实施的实践充分表明，该计划总体上为我省缓解高校毕业生就业压力、促进基层单位人才培养和观察选用、提高基层事业发展水平等方面发挥了积极的作用，在大学生就业形势愈发严峻的大背景下，高校毕业生和基层单位均需要一个这样的项目来解决就业和农村基层事业发展的问题，因此“三支一扶”计划的实施，在现在、未来均有较大的现实意义，其可持续性发展的策略也显得至关重要。

2. 不同项目之间的分化将进一步加剧

不同专业的就业形势和基层事业的发展状况是不同项目间分化的本质原因。未来5~10年，我国进入经济结构调整期，各专业之间的就业形势差距将进一步加大。如据湖北省教育厅公布的数据，湖北省2014年医学类专业的毕业生就业率高达94%，而法学专业毕业生的就业率只有86%。另外，随着我国老龄化社会的到来，年轻人将越来越向一线二线城市集中，“三支一扶”计划中部分专业性强的服务岗位将会面临招募越来越难、留人越来越难的境地。

3. 不同基层服务项目之间的统筹

目前湖北省实施的基层服务项目中，既有中央组织实施的项目，如“大学生志愿服务西部计划”“选聘高校毕业生到村任职工作”，也有省里组织实施的基层服务项目，如选调生计划，不同基层就业项目在招募对象、政策目标、管理内容、财政补助方式等方面非常类似。2014年，人力资源和社会保障部召开基层服务项目协调会议，鼓励各地积极探索基层服务项目的统筹实施，释放出不同基层服务项目在未来将统筹实施的政策信号。结合目前的情况来看，不同的基层项目在未来逐步统筹实施的可能性很大，这将对"三支一扶"计划的创新机制带来较大挑战。

4. 创业将成为期满就业的重要途径之一

目前，各地创新性地探索了期满就业安置的各种渠道，如部分地区实行人才储备制度，90%以上的期满人员都解决了编制问题，为促进基层事业单位人员的结构化调整发挥了较大的作用。但是，随着"三支一扶"计划的进一步推进，事业单位对人员的吸纳能力将逐渐减弱，空岗考核聘用等期满优惠政策的可持续性将受到影响。在未来5~10年，自主创业可能将成为期满人员的一个重要就业途径，而扶持"三支一扶"人员的自主创业，促进基层事业发展，将成为"三支一扶"计划未来的工作重点之一。

第八章　其他省份“三支一扶”计划实施的经验与借鉴

“三支一扶”计划实施以来，有部分省份在“三支一扶”大学生的激励约束机制、管理办法等方面进行了尝试性的改革探索，为其他省份提供了宝贵的实践经验和借鉴，本章选取部分省份的主要做法，以期为我省“三支一扶”计划的进一步完善提供具体的政策参考。

一、云南省“三支一扶”大学生绩效考核奖励机制

为激励“三支一扶”大学生在农村基层干事创业，促进“三支一扶”大学生队伍发挥作用，引导和鼓励更多高校毕业生到农村基层就业和服务。云南省建立了“三支一扶”大学生绩效考核奖励机制，对全省统一招募在岗的“三支一扶”大学生，按照每人每月300元，即每人每年3600元的基数，设立“三支一扶”大学生绩效考核奖励资金。“三支一扶”大学生年度考核为优秀的，按150%的比例发放绩效奖励资金；考核为称职的，按100%的比例发放绩效奖励资金；考核为不称职的，不发放绩效奖励资金。年度考核为优秀等次的比例不能超过本州（市）参加考核“三支一扶”大学生总数的20%。

（一）奖励资金的来源

全省“三支一扶”大学生绩效考核奖励资金由中央和省级财政安排的“三支一扶”项目经费中安排。各地提高标准或另行出台政策产生的经费，由各地自行承担。绩效考核奖励从2015年开

始执行。每年省财政下拨中央和省级财政承担的“三支一扶”大学生经费时，一并下达“三支一扶”大学生绩效考核奖励资金。招募未上岗人员、服务期未满离岗人员，不参加年度考核，不得发放绩效考核奖励资金；新招募人员，在完成第1年度服务期并经年度考核后，发放绩效考核奖励资金；服务期满人员，在完成第2年度服务期并经年度考核后，发放绩效考核奖励资金。

（二）工作考核方法

为正确评价“三支一扶”大学生的服务表现和工作实绩，激励工作积极性，为其就业、奖惩等提供依据。根据国家和云南省有关“三支一扶”的文件精神和《云南省“三支一扶”大学生管理办法》，制定了详细的考核方案，具体如下：

1. 考核主体与客体

由各州（市）“三支一扶”协调管理办公室，各县（市、区）“三支一扶”协调管理办公室、县（市、区）级行业主管部门及用人单位共同作为考核主体，坚持客观公正、注重实绩的原则，实行日常考核与年度考核及服务期满考核相结合的方式，对全省所有在岗的“三支一扶”大学生（客体）进行考核。

2. 考核的内容和标准

考核的内容以“三支一扶”大学生所在服务岗位承担的工作任务为依据，紧紧围绕德、能、勤、绩、廉等情况，对“三支一扶”大学生的纪律作风、工作实绩和民主评议三个方面的内容进行量化打分，分值为100分。主要包括：（1）纪律作风（15分），即思想作风、工作作风、生活作风、遵纪守法、廉洁自律等情况；（2）工作实绩（50分），即履行岗位职责、完成工作任务、联系服务群众和在岗等情况；（3）民主评议（35分），即乡镇中心校校长、服务学校校长、涉农服务站（所）负责人、卫生院（所）长和基层服务单位干部职工对“三支一扶”大学生进行民主测评和评议评级，填写《“三支一扶”大学生民主评议表》和《“三支一扶”大学生年度（服务期满）考核量化评分表》。其中：乡镇中心校校长、服务学校校长对“支教”大学生进行民主评议，乡镇涉农服务站（所）负责人对“支农”大学生进行民主评议，乡镇卫生院（所）长对“支医”大学生进行民主评议，评议意见占30%的权重；基层服务单位干部职工对“三支一扶”大学生的民主评议意见占70%的权重。

年度考核和服务期满考核结论分为“优秀”“称职”“不称职”三个等次。考核结果应当以书面形式通知“三支一扶”大学生本人，考核表装入“三支一扶”大学生本人档案。各等次的基本标准是：①优秀：政治素质和业务素质好，模范遵守各项规章制度，工作勤奋，出色完成工作任务，成绩突出。“优秀”等次的比例不能超过该州（市）在岗人数的20%，按照考核综合得分从高到低的顺序确定优秀等次，确定为优秀等次的考核综合得分不得低于85分。其中，服务期满考核评定为优秀的，服务期内年度考核必须有1年以上优秀等次。②称职：政治素质和业务素质较好，自觉遵守各项规章制度，工作积极，能够完成工作任务。确定为称职等次的考核综合得分不得低于60分。③不称职：政治素质和业务素质较差，难以适应服务工作，工作责任心不强，不遵守规章制度，不能完成工作任务。确定为不称职等次的考核综合得分低于60分。

3. 考核的基本程序

考核分为日常考核、年度考核和服务期满考核。日常考核由服务单位组织进行。以考勤、工作业绩和本人工作小结为主要内容，以日常考核报告的形式真实反映“三支一扶”大学生的工作表现。年度考核由县级行业主管部门组织服务单位进行。主要是对“三支一扶”大学生进行年度综合评价，一般应在每年8月中旬完成。当年服务期未满离岗人员，不进行年度考核。服务期满考核由县（市、区）“三支一扶”协调管理办公室会同县级行业主管部门共同组织进行，服务期满考核一般应在每年8月中旬完成，与年度考核相结合。

4. 具体考核的步骤

（1）由县（市、区）“三支一扶”协调管理办公室和县级行业主管部门、服务单位领导组成的考核小组，研究制定考核工作方案；

（2）“三支一扶”大学生进行个人总结，填写《云南省“三支一扶”大学生年度考核登记表》或《云南省“三支一扶”大学生服务期满考核登记表》一式二份；

（3）县（市、区）行业主管部门及服务单位根据“三支一扶”大学生总结情况，结合被考核人平时工作表现和民主评议评分结果，提出考核等次建议；

（4）县（市、区）“三支一扶”协调管理办公室根据县（市、区）行业主管部门及用人单位提出的考核等次建议，结合被考核人平时工作表现，提出评定意见，并填写《云南省“三支一扶”大学生考核情况汇总表》，于每年8月下旬前报州（市）“三支一扶”协调管理办公室。州（市）“三支一扶”协调管理办公室汇总、审核，并按照优秀等次人数不超过参加考核人数20%的要求确定最终考核等次后，填写《云南省“三支一扶”大学生考核情况汇总表》，于每年9月10日前报省“三支一扶”协调管理办公室备案；

（5）将考核结果以书面形式通知被考核人，并将《云南省“三支一扶”大学生年度（服务期满）考核登记表》送被考核人签字后，一份存入本人档案，一份由县（市、区）“三支一扶”协调管理办公室保存。

5. 考核结果的使用

“三支一扶”大学生考核结果将作为“三支一扶”大学生服务期满享受相关政策待遇的依据。对服务期满考核确定为优秀、称职等次的，服务期满颁发《高校毕业生“三支一扶”服务证书》，按相关规定享受有关政策待遇。

年度考核为优秀等次的，享受“三支一扶”大学生绩效考核奖励资金的150%；年度考核为称职的，享受绩效考核奖励资金的100%；年度考核为不称职的，不享受绩效考核奖励资金。

对考核确定为不称职等次的，经县（市、区）“三支一扶”协调管理办公室上报州（市）“三支一扶”协调管理办公室同意后，用人单位可与其终止协议。终止协议后，“三支一扶”大学生不享受相关政策待遇。

被考核人对考核结果有异议的，可在接到考核结果通知之日起十日内向考核组织申请复核，考核组应在十个工作日内作出复核意见。在复核申诉期间不停止对考核结果的执行。

（三）期满优惠政策

云南省不仅建立了“三支一扶”大学生的绩效考核奖励机制，而且在“三支一扶”大学生服务期满后的相关待遇也做出了进一步保障，为大学生再就业奠定了良好的基础。如“三支一扶”大学生服务期间，符合评定专业技术职务资格的，可评定专业技术职务资格；在今后晋升中高级职称时（卫生系统指初晋中），其在基层的服务年限可计入专业技术工作年限，同等条件下优先评定；高职（高专）毕业生可免试入读高等学历教育专科起点本科；服务期满考核合格的“三支一扶”大学生，视同具有两年基层工作经验的人员，并与之同等享受录用、招聘优惠政策，可参加全省公务员定向招录考试和事业单位定向招聘农村基层服务项目期满高校毕业生考试。

这些政策的出台，进一步规范了“三支一扶”大学生的管理，在一定程度上促进了“三支一扶”大学生在基层服务的积极性，同时也为基层单位对“三支一扶”大学生的管理提供了有力的政策依据。

二、山西省“三支一扶”大学生期满全部纳入事业编制

“三支一扶”计划是引导和鼓励高校毕业生面向基层就业的

重要举措，同时它也是解决县乡基层单位人才队伍短缺的重要手段。为彻底解决“三支一扶”人员的后顾之忧，从2011年起，太原市在山西省首先采取“三支一扶”人员招募和县区事业单位公开招聘相结合的做法，招募的“三支一扶”人员在服务期满考核合格后，全部进入事业单位。据了解，2014年太原市共招募上岗“三支一扶”大学生136人。截至目前，已有6人考取公务员、13人考取事业单位、1人考取研究生，现在在岗116人。

2017年，为了全面贯彻落实党中央、国务院决策部署，围绕实施就业优先战略和人才强省战略，以充分发挥“三支一扶”计划示范引领作用为核心，完善政策措施，健全保障体系，确保“三支一扶”人员下得去、留得住、干得好，山西省拟招募600名“三支一扶”大学生，全面推行服务期满后参照事业单位招聘人员方式进行笔试、资格复审、面试等环节，经考核合格后在当地纳入事业编制模式，并享受其他相关优惠政策。

（一）招募范围和条件

2017年招募高校毕业生的范围确定为2016届、2017届两年内未就业的全日制普通高校毕业生（鼓励支农、扶贫岗位不设置专业要求，支医岗位毕业年限和学历适当放宽）。同时需具备以下条件：①政治素质好，组织纪律观念强，热爱祖国，拥护党的基本路线和方针政策；②了解“三支一扶”计划性质，自愿到基层服务，乐于吃苦，甘于奉献；③年龄在18周岁以上、25周岁以下，研究生及以上学历的可适当放宽到30周岁；④具备正常履行职责的身体条件；⑤取得符合服务岗位要求的相关资格证件。

（二）考试方法

考试包括笔试和面试。笔试成绩按从高到低的顺序，以每个职位计划录用人数1∶3的比例确定参加面试人选。面试方案由市人社局参照“本市事业单位公开招聘方法”审核并组织实施（所有岗位均组织实施面试环节）。

笔试和面试两项组成的综合成绩保留两位小数。综合成绩=笔试成绩×60%+面试成绩×40%。支医或特殊急需紧缺人员计划招录人选的综合成绩比例分配可由各市人社局提出意见，并经省“三支一扶”办审核备案后进行适当调整。

仅考核期满解决事业编岗位组织实施面试环节；不解决事业编岗位1∶1进入资格复审，不进行面试。

（三）期满优惠政策

1. 公务员定向录用

按照中组部、人社部《关于开展从大学生“村官”等服务基层项目人员中考试录用公务员工作的通知》（人社部发〔2010〕52号）规定，考录公务员时拿出10%~15%的岗位面向服务期满包括“三支一扶”在内的服务基层项目大学生定向考录。

2. 事业单位吸纳

按照人社部发〔2009〕42号、山西省人民政府《关于进一步做好普通高等学校毕业生就业工作的实施意见》（晋政发〔2012〕5号）和省人社厅《关于做好2013年全省事业单位公开招聘人员工作的通知》（晋人社厅发〔2013〕26号）等文件要求，乡镇事业单位服务的“三支一扶”高校毕业生服务满1年后，在现岗位空缺情况下，经当地人社部门考核合格，即可与所在单位签订不少于3年的聘用合同。凡参加“三支一扶”计划的乡镇事业单位相对应的自然减员空岗，全部招聘基层服务期满、考核合格的高校毕业生。县以上事业单位要拿出不少于12%的招聘岗位，专项招聘服务期满考核合格包括“三支一扶”在内的服务基层项目的大学生。

3. 支持“三支一扶”大学生自主创业

按照有关政策，为有自主创业愿望的“三支一扶”大学生提供政策咨询、项目开发、创业培训、创业孵化、小额贷款、就业指导、跟踪辅导等“一条龙”服务。对从事个体经营符合条件的可免收行政事业性收费。

4. 扶助“三支一扶”大学生自主择业

对自主择业的“三支一扶”大学生，各级政府部门所属人才服务机构和公共就业服务机构为其免费提供政策咨询、职业指导和职业介绍服务；组织他们参加职业资格培训、职业技能鉴定或就业见习，按规定给予职业培训补贴等；对服务期满后较长时间仍未就业的“三支一扶”大学生进行重点帮扶。

5. 鼓励“三支一扶”大学生继续学习深造

参加“三支一扶”计划、服务期满考核合格的大学生，在报考研究生时，可享受考试成绩加分的政策优惠（申请加分程序：由本人向市“三支一扶”办公室提出加分申请，市“三支一扶”办公室统一报省“三支一扶”办，省“三支一扶”办汇总上报人社部、教育部）。

（四）政策效果

2011年起，自太原市在山西省率先采取“三支一扶”大学生招募和县区事业单位公开招聘相结合的办法起，招募的“三支一扶”大学生在服务期满考核合格后，除去因找到更好工作自动离职的外，只有1人因未按规定拿到执业医师资格而没有纳入事业编制，其他的“三支一扶”大学生全部纳入事业编制。

解决编制问题后，大学生们在岗位上工作也更加上心了。万柏林区圪僚沟小学是“三支一扶”计划的用人大户，校长介绍说，2009年起该校共接收了18名支教老师，目前在岗的有9人，人人都是教学骨干。因学校处于偏僻之地，原来的老师大多是代教、民办教师转正的，知识面窄，限制了孩子们的全面发展。支教大学生素质高、眼界宽，不仅革新了课堂教学模式，还因为他们本身也是大小孩，能更好地融入学生们中间。

为缓解大学生们的生活压力，让他们能更安心地工作，古交市更是在国家补贴的基础上，由市财政累计投入318.19万元，参照全额事业单位工作人员的工资水平予以补齐，并参照事业单位人员缴纳养老、医疗、失业、工伤保险和住房公积金。

好政策也吸引了更多的优秀毕业生加入到“三支一扶”的队伍中。2011年招募时，仅有875人报名，而2015年，报名人数达到了12092人①，可以看出，落实期满后事业编制这一政策，在当地发挥了较强的正向激励作用，不仅极大地促进了“三支一扶”大学生的积极性，同时也为基层事业单位的发展留住了宝贵的人力资源。

① http://news.gmw.cn/2016-05/30/content_20316478.htm.

附件1　部分调研工具

湖北省“三支一扶”大学生调查问卷

由湖北省“三支一扶”服务期内或“三支一扶”服务期满人员填写

您的服务单位：________市________区/县　________乡镇________单位

[填空题][必答题]

1. 现服务的单位所在地是在？[单选题][必答题]

○ A. 县级市　○ B. 县城

○ C. 乡镇　○ D. 村庄

○ E. 其他

2. 您参加“三支一扶”计划的年份？[单选题][必答题]

○ A. 2013年　○ B. 2014年

○ C. 2015年　○ D. 其他

3. 现从事的工作岗位是否与大学专业相关？[单选题][必答题]

○ A. 相关　○ B. 有一点相关

○ C. 完全不相关

4. 您现在是否已经独立承担某一岗位的工作？[单选题][必答题]

○ A. 是　○ B. 否

○ C. 偶尔独立承担

5. 服务期间，是否有“三支一扶”管理人员定期与您联系，了解工作学习情况？［单选题］［必答题］

○ A. 有　　○ B. 无

○ C. 不记得

6. 如果定期联系，“三支一扶”管理人员一般多久与您联系一次？［单选题］［必答题］

○ A. 1~2个月　　○ B. 3~4个月

○ C. 有事才联系　　○ D. 不记得

7. 服务期间，若遇到待遇不能落实等问题是否有有效的投诉渠道？［单选题］［必答题］

○ A. 有　　○ B. 无

○ C. 不清楚

8. 现实工作环境与您当时的预期相比较如何？［单选题］［必答题］

○ A. 基本相同　　○ B. 现实高于预期

○ C. 现实远远低于预期　　○ D. 说不清

8.1 若现实与预期存在差异，则差异主要体现在哪些方面？［多选题］［必答题］

☐ A. 自然环境　　☐ B. 交通条件

☐ C. 基础设施　　☐ D. 人文环境

☐ E. 收入待遇

9. 您认为，“三支一扶”计划最主要的政策功能是：［单选题］［必答题］

○ A. 引导和鼓励高校毕业生到基层一线、到中西部就业

○ B. 促进基层公共服务能力提高

○ C. 培养心向基层、服务基层、扎根基层的青年人才队伍
○ D. 缓解当前毕业生就业压力
○ E. 其他 ________________ *

10. 您在服务期间，对以下事项的满意度如何？请在相应的表格中打上“√”［矩阵量表题］［必答题］

	很不满意	不满意	一般	满意	很满意
服务岗位					
生活条件（食宿等）					
学习条件（电脑等学习设施）					
学习机会（专业培训进修等）					
生活补贴					
社会保险缴纳情况					
服务单位提供的补贴补助					
“三支一扶”的考核内容和方式					
“三支一扶”的评优方式					
“三支一扶”大学生的服务和交流平台					
“三支一扶”办公室的日常管理工作					
“三支一扶”管理人员的工作态度					

11. 对于“三支一扶”计划的进一步优化，您有什么建议？［填空题］

____

12. 您的性别：［单选题］［必答题］
○ A. 男　　○ B. 女

13. 您的年龄：［单选题］［必答题］

○ A. 20 岁及以下 ○ B. 21~25 岁
○ C. 26~30 岁 ○ D. 31 岁及以上

14. 您的婚姻状况：[单选题][必答题]
○ A. 已婚 ○ B. 未婚

15. 根据户籍，您的家庭所在地：[单选题][必答题]
○ A. 本县（市、区）城镇
○ B. 本县（市、区）农村
○ C. 本省外县（市、区）城镇
○ D. 本省外县（市、区）农村
○ E. 外省

16. 您的政治面貌是：[单选题][必答题]
○ A. 中共党员（含预备）
○ B. 共青团员
○ C. 群众
○ D. 民主党派

17. 您的学历是：[单选题][必答题]
○ A. 大专 ○ B. 本科
○ C. 硕士 ○ D. 博士

18. 您的毕业院校属于：[单选题][必答题]
○ A. 重点高校（含 211、985 院校）
○ B. 普通高校
○ C. 民办高校
○ D. 高职高专

19. 您在校所学专业属于：[单选题][必答题]
○ A. 理学类 ○ B. 工学类

○ C. 农林类　　○ D. 医学类
○ E. 法学类　　○ F. 教育类
○ G. 经济类　　○ H. 管理类
○ I. 文学类　　○ J. 哲学、思政、历史类
○ K. 其他（请注明）________ *

20. 您参加“三支一扶”的服务岗位类型是：[单选题][必答题]

○ A. 支教　　○ B. 支农
○ C. 支医　　○ D. 扶贫
○ E. 水利　　○ F. 就业和社会保障服务平台
○ G. 其他（请注明）________ *

21. 您现在的服务状态是：[单选题][必答题]

○ A. 在岗　　○ B. 服务期满
○ C. 其他（请注明）________

22. 您服务期满后的去向是：[单选题][必答题]

○ A. 期满续聘　　○ B. 留在原服务单位工作
○ C. 考取了公务员　　○ D. 考取了其他事业单位
○ E. 到国有企业就业　　○ F. 到非国有企业就业
○ G. 自主创业　　○ H. 升学
○ I. 其他（请注明）________

23. 您参加“三支一扶”计划的原因：（可选 3 项）[多选题][必答题]

□ A. 热爱城乡基层，参与基层公共服务

□ B. 基层发展潜力大，创业机会多，为今后在农村创业做准备

□ C. 锻炼自己，积累经验

□ D. 暂缓就业压力

☐ E. 考公务员有优惠政策
☐ F. 优先进入事业单位
☐ G. 为考研或继续深造做准备
☐ H. 其他（请注明）________________ *

24. 您报考“三支一扶”计划岗位时，对相关政策的了解程度：[单选题][必答题]

○ A. 很了解　　○ B. 比较了解
○ C. 一般　　○ D. 不太了解
○ E. 不了解

25. 您了解“三支一扶”计划政策的主要渠道：[多选题][必答题]

☐ A. 学校　　☐ B. 政府部门
☐ C. 网络　　☐ D. 广播电视报刊
☐ E. 亲朋好友　　☐ F. 就业和人才服务机构
☐ G. 其他 ________________ *

26. 您自主了解“三支一扶”计划政策的时间：[单选题][必答题]

○ A. 毕业当年　　○ B. 毕业前一年
○ C. 毕业前两年　　○ D. 毕业后一年
○ E. 从上学就开始关注

27. 您在服务期间，是否有被借调到其他单位帮助工作的经历：[单选题][必答题]

○ A. 是（实际帮助工作的时间：月）________________ *
○ B. 否

28. 您在服务期间，平均每月的工作生活补贴标准是：[单选题][必答题]

○ A. 1000元以下　　○ B. 1001~1500元
○ C. 1501~2000元　　○ D. 2001~2500元
○ E. 2501~3000元　　○ F. 3001~5000元
○ G. 5001元以上

29. 您在服务期间的生活补贴水平：[单选题][必答题]

○ A. 与本服务单位相同岗位或类似岗位人员工资收入水平相当
○ B. 高于本服务单位相同岗位或类似岗位人员工资收入水平
○ C. 低于本服务单位相同岗位或类似岗位人员工资收入水平
○ D. 不清楚

30. 您在服务期间，生活补助及其他福利待遇是否及时发放：[单选题][必答题]

○ A. 及时发放　　○ B. 偶尔不及时发放
○ C. 经常不及时发放　　○ D. 没有及时发放过

31. 您在服务期间，生活补贴及其他福利待遇是否足额发放：[单选题][必答题]

○ A. 足额发放　　○ B. 偶尔不足额发放
○ C. 经常不足额发放　　○ D. 没有足额发放过

32. 您在服务期间，享有如下哪种保险福利：[多选题][必答题]

□ A. 养老保险　　□ B. 医疗保险
□ C. 工伤保险　　□ D. 失业保险
□ E. 生育保险　　□ F. 住房公积金
□ G. 补充医疗保险　　□ H. 艰苦边远地区津贴
□ I. 意外伤害等商业保险
□ J. 其他（请注明）＿＿＿＿＿＿＿＿ *

33. 您所学专业对“三支一扶”岗位工作的支持与帮助程度［单选题］［必答题］

○ A. 有很大帮助　○ B. 有些帮助

○ C. 一般　○ D. 基本没帮助

○ E. 完全没帮助

34. 您上岗前是否参加过岗前培训：［单选题］［必答题］

○ A. 是，学校组织过

○ B. 是，当地政府有关部门组织过

○ C. 是，学校和当地政府都组织过

○ D. 否，学校和当地政府都未组织过

35. 您在服务期间，服务单位是否安排了专门人员对您进行指导帮扶？［单选题］［必答题］

○ A. 是　○ B. 否

36. 您在服务期间，是否每年都参加在岗培训？［单选题］［必答题］

○ A. 是　○ B. 否

○ C. 有的年份参加，有的年份不参加

○ D. 刚上岗，还不清楚

37. 您在服务期间，参加培训的时间（仅参加在岗培训人员作答）：［单选题］［必答题］

○ A. 累计不足 7 天　○ B. 累计 7~14 天

○ C. 累计 15~21 天　○ D. 累计 22 天以上

38. 您在服务期间，接受培训的主要内容：（可多选，仅参加在岗培训人员作答）［多选题］［必答题］

□ A. 政治思想教育

□ B. 新农村建设的形势与任务

☐ C. 当地农村基层建设发展的基本情况
☐ D. 如何做一名合格的“三支一扶”大学生
☐ E. 岗位业务知识与技能
☐ F. 基层农村发展相关法律法规政策
☐ G. 心理健康知识与技能
☐ H. 更好与基层服务对象打交道的方式方法
☐ I. 就业创业培训
☐ J. 公务员考录与事业单位招聘技巧
☐ K. 其他 ________________ *

39. 您在服务期间，参加培训的收获（仅参加在岗培训人员作答）：[单选题] [必答题]

○ A. 收获很大，对工作有很大帮助
○ B. 有较大收获，对工作有一定帮助
○ C. 一般，有一些收获
○ D. 没有明显的收获
○ E. 根本没有收获

40. 您服务期间的工作量：[单选题] [必答题]

○ A. 非常大　　○ B. 比较大
○ C. 正合适　　○ D. 比较轻松
○ E. 非常轻松

41. 您在服务期间，面临的主要困难与问题：（可选 5 项）[多选题] [必答题]

☐ A. 缺乏工作经验
☐ B. 每天干琐事，难以更好地发挥作用
☐ C. 对发展前景迷茫和担忧
☐ D. 不能较好融入服务单位
☐ E. 与服务对象交流沟通困难
☐ F. 工作任务不够饱满

☐ G. 工作任务重
☐ H. 基层卫生医疗等公共服务水平太差
☐ I. 食宿条件和环境难以适应
☐ J. 办公条件太差
☐ K. 缺乏深度交流对象
☐ L. 待遇低
☐ M. 婚恋问题难以解决
☐ N. 其他，请注明 ________________ *

42. 您在服务期间，提出建议及其被采纳的情况：[单选题][必答题]

○ A. 提出且经常被采纳　　○ B. 提出但很少被采纳
○ C. 提出但未被采纳过　　○ D. 未提出过

43. 参加“三支一扶”计划对您哪方面的素质能力有较大提升：(可选5项) [多选题][必答题]

☐ A. 专业知识技能与职业素养
☐ B. 政治素养与思想道德水平
☐ C. 工作作风与工作态度
☐ D. 沟通协调能力
☐ E. 公共服务意识和群众工作方法
☐ F. 政策水平
☐ G. 危机处理能力
☐ H. 调查研究能力
☐ I. 心理调适能力
☐ J. 学习能力
☐ K. 开拓创新能力
☐ L. 其他（请注明）________________ *

44. 您在服务期间，对本单位或所在部门发挥作用的程度：[单选题][必答题]

○ A. 作用很明显　　○ B. 作用比较明显
○ C. 一般　　○ D. 有一点作用
○ E. 基本没起作用

45. 您在服务期间，对本单位或所在部门发挥的主要作用：（可选 3 项）［多选题］［必答题］

□ A. 传播新知识与新技术
□ B. 引进新的工作方法与手段
□ C. 强化创新思维与创新意识
□ D. 丰富基层文化生活
□ E. 强化法律与规则意识
□ F. 推动管理与服务现代化
□ G. 推进公共服务发展新理念和新思路的形成
□ H. 带来致富新理念和新方法
□ I. 其他 ________________ *

46. “三支一扶”的工作经历，对您胜任服务期满后新岗位工作的影响作用：（仅服务期满并已经实现就业的“三支一扶”人员作答）［单选题］［必答题］

○ A. 非常有帮助，马上就能胜任新工作
○ B. 帮助较大，很快能胜任新工作
○ C. 一般，基本上没有帮助
○ D. 对胜任新工作有一定阻碍作用，胜任新工作比其他人慢一些
○ E. 对胜任新工作有严重阻碍，胜任新工作很慢
○ F. 说不好

47. 服务期间，对您提高素质能力比较有效的方式：（可选 3 项）［多选题］［必答题］

□ A. 岗前培训
□ B. 思想政治教育和先进典型学习

☐ C. 相关专题政策解读培训

☐ D. 专业技术培训

☐ E. 服务单位其他人员的言传身教

☐ F. 其他（请写明）________________ *

48. 与其他新聘（录）用人员比，您认为，参加过“三支一扶”计划的主要优势：(可选4项)［多选题］［必答题］

☐ A. 业务水平高

☐ B. 学习能力强，有创新精神

☐ C. 具有较强的组织能力

☐ D. 有责任心，工作认真努力

☐ E. 做事比较规范、效率高

☐ F. 适应环境能力强，胜任新工作快

☐ G. 沟通能力强，更易获得服务对象的支持与信任

☐ H. 年轻有朝气，工作有热情

☐ I. 其他 ________________ *

49. 您觉得“三支一扶”计划的最佳服务年限是：［单选题］［必答题］

○ A. 1年　　○ B. 2年

○ C. 3年　　○ D. 4年

○ E. 5年及以上

50. 您认为，下列哪些“三支一扶”计划的管理政策需要进一步完善：(可选3项)［多选题］［必答题］

☐ A. 选聘招募政策

☐ B. 培训政策

☐ C. 生活补贴及其发放政策

☐ D. 考核考评政策

☐ E. 保险福利政策

☐ F. 服务期满后的流动政策

☐ G. 日常管理政策
☐ H. 其他 ________________ *

湖北省在校大学生调查问卷

由在校二年级/三年级/四年级大学生填写，一本、二本、三本院校各填写 100 份。

1. 您的专业属于：[单选题] [必答题]

○ A. 理工类　　○ B. 农林类
○ C. 医学类　　○ D. 经济管理类
○ E. 教育文学类　　○ F. 思政历史类
○ G. 法学哲学类　　○ H. 其他

2. 您目前是大学：[单选题] [必答题]

○ A. 二年级　　○ B. 三年级
○ C. 四年级　　○ D. 其他

3. 上大学之前，您来自：[单选题] [必答题]

○ A. 农村　　○ B. 城镇

4. 您是否了解“三支一扶”的相关政策？[单选题] [必答题]

○ A. 非常了解　　○ B. 了解
○ C. 知道一些　　○ D. 不了解

4.1 您是通过何种渠道了解到“三支一扶”计划的？[多选题] [必答题]

○ A. 同学　　○ B. 老师

○ C. 亲人　　○ D. 媒体

4.2 您是否了解“三支一扶”的优惠政策？[单选题][必答题]

○ A. 非常了解　　○ B. 了解
○ C. 知道一点　　○ D. 不了解
○ E. 其他

4.3 这些优惠政策对你是否有吸引力？[单选题][必答题]

○ A. 有　　○ B. 无
○ C. 说不清

5. 毕业后您最想进入下列哪种类型的工作单位？[单选题][必答题]

○ A. 政府机关　　○ B. 事业单位
○ C. 企业　　○ D. 自主创业
○ E. 其他

6. 您是否愿意参加“三支一扶”计划？[单选题][必答题]

○ A. 非常愿意　　○ B. 愿意
○ C. 不愿意　　○ D. 很不愿意
○ E. 不清楚

6.1 若愿意，您参加“三支一扶”计划的可能原因是：（限选三项）[多选题][必答题]

□ A. 锻炼自己　　□ B. 增加社会经验
□ C. 响应国家号召　　□ D. 一时冲动
□ E. 减轻家庭负担　　□ F. 收入和福利好
□ G. 有发展前途　　□ H. 为服务地区做贡献
□ I. 能发挥自己特长　　□ J. 社会地位高
□ K. 工作有挑战性，吸引我　　□ L. 借机回家乡效力

□ M. 没找到工作，先找个地方干着

7. 若不愿意，您不愿意参加的原因是什么？（限选三项）[多选题] [必答题]

□ A. 工资待遇低　　□ B. 工作条件艰苦
□ C. 发展机会少　　□ D. 能力提升空间小
□ E. 不能发挥自己的特长　　□ F. 基层人文环境不好
□ G. 在基层工作没面子　　□ H. 已有自己的工作打算
□ I. 亲戚朋友不支持　　□ J. 准备考研
□ K. 服务期满后无编制

8. 假设您已经参加了“三支一扶”计划，期满后您是否愿意留在当地工作？[单选题] [必答题]

○ A. 非常愿意　　○ B. 愿意
○ C. 不愿意　　○ D. 很不愿意
○ E. 不清楚

湖北省“三支一扶”服务单位管理人员调查问卷

由湖北省“三支一扶”服务单位的管理人员填写，包括单位负责人、人事部门负责人、“三支一扶”人员所在部门负责人填写，每单位填写 3 份。

湖北省________市________区（县）________　乡________单位

[填空题] [必答题]

1. 您的身份是：[单选题] [必答题]

○ A. 单位负责人　　○ B. 单位人事负责人

○ C. “三支一扶”所在部门负责人

2. 您单位的所在地是？[单选题][必答题]

○ A. 县级市　　○ B. 县城

○ C. 村庄　　○ D. 其他

3. 您觉得每年选派的“三支一扶”大学生的数量是否能满足本单位的需求？[单选题][必答题]

○ A. 完全可以满足　　○ B. 基本满足

○ C. 不能满足

4. 您觉得每年选派的“三支一扶”大学生的专业是否与本单位需求一致？[单选题][必答题]

○ A. 基本一致　　○ B. 不一致

○ C. 说不清

5. 每年“三支一扶”办公室是否及时收集本单位的人员需求情况？[单选题][必答题]

○ A. 是　　○ B. 否

○ C. 说不清

6. “三支一扶”办公室人员是否会定期联系本单位服务人员，了解其生活工作情况？[单选题][必答题]

○ A. 是　　○ B. 否

○ C. 不清楚

7. 您单位有多少“三支一扶”大学生现在已经独立承担某一岗位的工作？[单选题][必答题]

○ A. 全部　　○ B. 大部分

○ C. 小部分　　○ D. 无

8. 您单位“三支一扶”大学生工作生活补贴总数与同岗位同级别人员收入比较？[单选题][必答题]

○ A. 高于同岗位同级别人员

○ B. 低于同岗位同级别人员

○ C. 部分高于同岗位同级别人员，部分低于同岗位同级别人员

○ D. 不清楚

9. 您觉得目前的“三支一扶”绩效考核制度是否能发挥约束作用？[单选题][必答题]

○ A. 有作用 ○ B. 有一点作用

○ C. 作用不明显 ○ D. 完全没作用

10. 您觉得目前的“三支一扶”奖励制度是否能发挥激励作用？[单选题][必答题]

○ A. 有作用 ○ B. 有一点作用

○ C. 作用不明显 ○ D. 完全没作用

11. 您单位“三支一扶”大学生是否有无故离岗现象？[单选题][必答题]

○ A. 有 ○ B. 无

○ C. 不清楚

12. 若发现有无故离岗现象，您单位一般会怎样处理？[多选题][必答题]

□ A. 及时向“三支一扶”办公室上报

□ B. 与大学生家人和朋友取得联系

□ C. 及时联系大学生本人

□ D. 扣除当月补助

□ E. 记过处分

☐ F. 其他 ________________ *

13. 您单位“三支一扶”大学生服务期满后不愿意留在基层工作的原因主要有：[多选题][必答题]

☐ A. 收入低
☐ B. 不能入编
☐ C. 生活环境差
☐ D. 发展机会小
☐ E. 专业不对口
☐ F. 其他（请注明）

14. 请根据本单位实际情况，填写以下数据［矩阵量表题］［必答题］

	2011 年	2012 年	2013 年	2014 年	2015 年
机构在岗职工总数（人）					
其中：三支一扶人员数					

提示：本题由单位人事负责人填写。

湖北省第二轮高校毕业生“三支一扶”计划评估

省级人社部门访谈提纲

访谈对象：“三支一扶”协调管理办公室负责人

访谈目的：了解“三支一扶”计划的管理情况

访谈对象基本情况：

职务________ 分管领域________ 担任现职年限________

年龄________ 文化程度________ 联系方式________

访谈者：________ 访谈时间：________

访谈记录人：________

1. 您认为“三支一扶”计划的主要政策目标是什么？您觉得第二轮“三支一扶”计划的总体实施情况是否实现了主要的政策目标？

2. 目前各部门之间的横向沟通协调机制是怎样的？如何推动各部门对本系统用人单位进行指导？

3. 目前省市县之间的纵向沟通协调机制是怎样的？哪些是需要地方政府配合协调的？如何推动地市政府的工作？

4. “三支一扶”大学生的收入来源（国家、省、市、县各负担多少）和发放方式？

5. “三支一扶”大学生身份在法律保护方面是否存在问题？受劳动法保护吗？

6. 如何知道生活补贴的发放情况（是否足额及时）？保险办理情况？如何知道期满后优惠政策的落实情况？以及有多少人就业时用到“三支一扶”的优惠政策？

7. “三支一扶”计划评估信息系统目前有哪些功能？能否从人员选派情况、组织管理、经费保障等方面进行动态的管理和评估？信息多久更新一次？

8. 目前有哪些基层人才项目已经纳入统筹管理？各项目之间是一个怎样的工作协调机制？

9. 是否有地方财政负担自主招募“三支一扶”大学生的先例？在我省是否有可行性？

10. “三支一扶”政策与其他政策之间的衔接是否存在问题？

11. 您认为现行的“三支一扶”计划的实施中，最大的困难是什么？您有些什么政策建议？

湖北省第二轮高校毕业生“三支一扶”计划评估

地市州“三支一扶”管理办公室访谈提纲

访谈对象：“三支一扶”协调管理办公室负责人
访谈目的：了解“三支一扶”计划的管理情况
访谈对象基本情况：
姓名________ 参加”三支一扶“时间________
地区________ 部门________ 岗位________
毕业学校________ 专业________ 联系方式________
访谈者：________ 访谈时间：________
访谈记录人：________

1. 近年来为了促进“三支一扶”计划的顺利实施，本部门做了哪些工作？本地区核定的生活补贴标准是多少？除此之外，还有些什么其他收入？

2. 请简述“三支一扶”的管理情况。（定期联系、投诉渠道、脱岗现象如何处理、信息系统更新频率）一般“三支一扶”大学生反映最多的问题是什么？

3. 您认为目前“三支一扶”计划实施过程中遇到的最大困难

是什么？（多部门协调方面、工作经费方面、县级财政等方面）三支一扶办公室几个人？经常换人吗？有无工作经费？

4. 期满优惠政策在本地的落实情况如何？（优先评聘，低职高聘；空岗全部聘用期满志愿者；直接聘用；一定比例事业单位招考名额；公务员基层经历要求；免试专升本）

5. 针对服务期满的“三支一扶”大学生，本地区采取了哪些措施帮助他们就业？存在的问题有哪些？采取的解决措施是什么？

6. “三支一扶”大学生身份在法律保护方面是否存在问题？受劳动法保护吗？

7. 省级人社部门如何对本部门工作进行评估？在组织管理方面，您认为有哪些方面需要进一步改进？

8. 在政策制定与衔接方面，目前有哪些方面需要进一步改进？

9. 您认为“三支一扶”计划的政策目标是什么？您觉得“三支一扶”计划的实施是否实现了它的政策目标？对于“三支一扶”计划的进一步完善，您有什么建议（必要性和可行性）？

10. 您认为基层人才项目是否应该纳入统筹管理？有些什么建议？

湖北省第二轮高校毕业生“三支一扶”计划评估

服务单位访谈提纲

访谈对象：“三支一扶”服务单位人事负责人

访谈目的：了解“三支一扶”计划的管理情况和学生的工作情况

访谈对象基本情况：

姓名________ 单位________ 岗位________

联系方式________

访谈者：________ 访谈时间：________

访谈记录人：________

1. 目前本单位有多少“三支一扶”人员？所接收的“三支一扶”大学生是否符合岗位要求与期望？如果不符合，请问主要存在什么问题？您认为有什么方法可以解决该问题？

2. “三支一扶”人员在服务单位的工作表现如何？在对“三支一扶”人员的日常管理中，存在什么困难和问题？（比如经费发放、考核管理等）贵单位采取了何种措施来解决这些问题？

3. “三支一扶”管理协调办公室对大学生的管理情况怎样？(定期联系、考核等)

4. 贵单位平时对“三支一扶”大学生是怎样考核评估的？

5. 本单位“三支一扶”大学生的收入情况？（收入来源，单位支出多少？)

6. 对服务期满考核合格的“三支一扶”高校毕业生，在今后晋升中高级职称时，同等条件下优先评聘。对在支教工作中表现优秀、愿意调入农村学校或继续留在基层从事“三支一扶”工作的，可以低职高聘。实际是这样实施的吗？

7. 在贵单位服务的“三支一扶”大学生是否存在由于热衷准备公务员考试、事业单位考试等，影响工作效率的情况？一般如何处理这种情况？

8. 针对服务期满的“三支一扶”大学生，贵单位采取了哪些措施帮助他们就业？在服务期满人员的安置过程中，存在的问题有哪些？单位采取的解决措施是什么？

9. 您认为“三支一扶”大学生在单位是否发挥了较大的作用？是否欢迎更多的“三支一扶”大学生来贵单位服务？

10.“三支一扶”大学生身份在法律保护方面是否存在问题？受劳动法保护吗？

11. 您认为“三支一扶”计划哪些方面需要进一步改善？您有些什么建议？

湖北省第二轮高校毕业生“三支一扶”计划评估

高校学工部门访谈提纲

访谈对象：高校学生工作负责人
访谈目的：了解大学生参加基层服务项目的情况
访谈对象基本情况：
职务________ 分管领域________ 担任现职年限________
年龄________ 文化程度________ 联系方式________
访谈者：________ 访谈时间：________
访谈记录人：________

1. 贵校目前有哪些基层服务项目在实施？

2. 据您了解，大学生对哪些基层服务项目比较积极？

3. 各项基层服务项目之间相比较，各有什么优势和劣势？

4. 目前贵校对学生如何进行“三支一扶”计划的宣传？有多少人参加了“三支一扶”计划以及其他基层服务项目？

5. 您对“三支一扶”计划有些什么建议？

附件 2　部分访谈案例

附件 2.1　访谈对象：支医人员

1. 您通过什么样的方式了解到了“三支一扶”政策？以及当初选择“三支一扶”的目的是什么？

答：我是本地人，亲戚在网上看到“三支一扶”政策告诉了我，我就报名了。去年在民大医院进修，现在在儿科，单独值班（包括夜班），没有处方权，处方主任签字。有 6 名医师（2 人进修），目前在岗 4 人，人员比较紧张，白-夜（白天半天在）-下-休-，每天都要来查房，每次 2 小时。夜班晚上负责门诊和住院，与在职人员一样。

支医的主要目的是有时间缓解来准备考医师执业证书。目前每月国家工资 1600 多元，医院每月奖金 2000 元，比在革勒乡镇好，医院在试用期只提供 600 元（全部收入），在编人员也就 2000 多元。其他同学在荆州乡镇或民营医院也就 2000 多元，大部分都能找到工作。

2. “三支一扶”优惠政策中对您最有吸引力和最无吸引力的政策分别是哪几条？

答：主要是想有个单位边上班边考证。其他没有什么吸引力。

3. 在服务过程中，您遇到的最大的困难和问题是什么？

答：基层医疗设备配备不齐，医生执业风险比较大。

4. 您认为参加此次支医活动最大的收获是什么？

答：培训是最大的收获，在进修期间学到很多东西。

5. 在服务期满后，您的工作意向是什么？做出此选择的原因是什么？

答：服务期满后愿意留在这里，无所谓编制问题，待遇都差不多，工作很开心。

6. 您如何看待我国现行的“三支一扶”政策中的支医政策？有何建议？

答：希望支医服务期是3年。

附件2.2　访谈对象：乡镇卫生院院长

1. 请简单介绍一下本机构的基本情况（规模、特色），以及“三支一扶”人员的基本情况。

答：2013年第一次有“三支一扶”人员，护理专业。有护士执照，现已单独值班。现有30张床位，分院有20张。职工48人，在编人员22人，医生在编2人，护士2人在编，管理人员在编6个，药房2人在编，门诊医生1人在编将退休，B超2人在编（1人马上调走），分院8人。目前医院有3个执业医师，3个助理执照的医师，有手术的时候全院都上。检验科等科室人员一直在本院工作，但入编的机会很少。医生考不过执业执照，拿不到编制。住院部有9个护士，7个医生，门诊1个医生。除了胸部手术、神经外科外，其他的常见手术有胆囊摘除、半髋置换等。目前有2个麻醉师，1个是护理专业不具备资质，可以做全麻。每个月10台手术，全镇只有1000多人。妇产医生做妇保，公共卫生科负责慢性病，1个助理医师和1个合同护士。业务收入500多万元。

目前最缺的是全科医生，省里的全科医生培训形式大于实际，短暂的1周~3个月时间很难培训一个优秀的全科医生。不愿意现有临时医生去培训，掌握技能后会跳槽，曾有医生在三峡大学培训进修1年，进修后就想跳槽，即使签协议也拦不住，5年中走了27人。只给会留下来的人进修学习的机会。

2. 对于目前“三支一扶”人员流失量大、人员缺失的问题，您怎样看待？该如何改进或解决？

答：主要是生活设施差，发展平台差，不仅仅是待遇问题，还有女孩子不容易找到男朋友。目前是 2 人一间房，与正式职工一样管理，没有午餐，有误餐费。其他卫生院条件好，如×××卫生院，业务收入 1000 多万元，住房 1 人 1 间，收入好些，繁华一些，生活环境好些，晚上热闹一些。

农村基层最大的难题是村卫生室，其次才是乡镇卫生院。我们乡镇共 11 个村卫生室，正常开门的只有 6 个，大多数职工年龄在 60 岁以上。今年定向委培 15 人（政府规定的人数太少），但是杯水车薪，毕业后可能就留乡镇卫生院，村卫生室将是最大的问题。乡镇公共卫生 40%经费给村卫生室，如 40 万的 40%给 11 个卫生室，每个卫生室可分 1.5 万，大概有 2 人来分。但考核比较苛刻，如电话找不到人就扣钱。每个月负责慢性病体检（血压、血糖、体温、精神病接管）信息录入、健康教育（发宣传单），每个村卫生室负责 500 人，药品由乡镇卫生院采购，执行全省收费，利润自己分配。

自己也参加过省里组织很多次培训，课程解决不了实际问题。最需要的培训是：诊断与治疗、怎么解决医疗纠纷。

3. “三支一扶”人员的加入对本机构医疗服务能力是否有切实的提升？具体体现在哪些方面？他们发挥了哪些作用？

答：“三支一扶”护理人员与其他护理合同工能力方面没有区别，其他的合同工也都是专科。目前的护理人员“三支一扶”考核合格后考虑入编，一般“三支一扶”人员都有点后台。

4. 本机构对“三支一扶”人员有无绩效考核，是如何实行的？若没有，如何对“三支一扶”人员进行绩效评估？

答：机构有奖金，每年 1.5 万~2 万元，绩效考核每月一次，参照相应岗位进行考核，若考核合格有奖励，一季度 1000 元奖励，年底综合考核若是先进单位，多发一个月工资，与正式职工同等待遇，不合格会扣奖金。

5. 目前机构是如何对“三支一扶”人员进行管理的？存在哪些困难和问题？

答：管理与正式职工的管理一样，没有困难。

6. 您认为我国现行的“三支一扶”政策中的支医政策有何不足？有何改进建议？

答：最大的问题是计划人数太少。去年机构上报需求6人，只下派1人（全县只有3人），建议落实服务期满后落实编制问题。

附件2.3　访谈对象：某县妇幼保健院院长

1. 请简单介绍一下本机构的基本情况（规模、特色），以及“三支一扶”人员的基本情况。

答：本院有1个中心，2个部（临床与公共卫生），4个社区卫生服务站，从乡镇卫生院向社区卫生服务中心转变，在岗180人，退休70人，业务收入1500万元，公共卫生收入200多万元，在编人员工资政府出50%，自己要挣另外50%的钱养活自己，总收入2200万元。医院由于实行新农合和基药，利润很低。妇幼保健院部分业务是公共卫生，包括慢病管理、健康档案建立，没有手术等收入医院无法生存。

在人员方面，医院每年只有1~2个指标考编制。在岗180人中，110人在编人员，原核定编制为111个，与计生合并后可能超编（计生机构身份不明），护理90人，医师30~40人，在编人员大多在40岁以上。人员老化，梯队建设跟不上，尤其是临床医学很难招到人。男女比例严重失调，发生医疗纠纷的时候女性不方便。目前医院老医师大多毕业于恩施卫校和恩师医专，新医师主要来自仙桃技术学院。希望能招聘到民族学院的学生。

每年上报支医需求计划的时候报的是临床医疗，但分来的“三支一扶”人员是护理专业。

2. 对于目前“三支一扶”人员流失量大、人员缺失的问题，您怎样看待？该如何改进或解决？

答：目前医院最缺乏医生和学科带头人。同时，医生不愿意去进修，因为只拿基本工资。院长也担心医生进修后离开。支医人员方面，只需要临床医疗的男性“三支一扶”人员。提供出勤奖（出勤22天以上，每天10元）、夜班费（每个10元）、考试前三名每人100元（每个月都考试），无住宿，食堂正在建，与自主招聘来的人员差不多待遇。

3.“三支一扶”人员的加入对本机构医疗服务能力是否有切实的提升？具体体现在哪些方面？他们发挥了哪些作用？

答：只有护理人员能发挥一定的作用。

4. 本机构对“三支一扶”人员有无绩效考核，是如何实行的？若没有，如何对“三支一扶”人员进行绩效评估？

答：与临床招聘人员一样考核。

5. 目前机构是如何对“三支一扶”人员进行管理的？存在哪些困难和问题？

答：没有困难。

6. 您认为我国现行的“三支一扶”政策中的支医政策有何不足？有何改进建议？

答：不是很了解“三支一扶”政策。

附件2.4　访谈对象：某县医院院长

1. 请简单介绍一下本机构的基本情况（规模、特色），以及“三支一扶”人员的基本情况。

答：本院2012年开始有下派的“三支一扶”人员，连续三年都积极争取，2012年报了10名，来了9名，2013年8名，2014年

8 名，医院在工作环境和生活环境方面都积极提供帮助，如外地学生每月提供 300 元伙食补助，生日提供 100 元的生日纪念卡，2 年服务期间没有奖金，有的学生 1 年以后就拿到职业执照，2 年后拿不到执照就得转岗，来了以后由医政科分配岗位，与正式招聘人员一样。支医人员主要是来自三峡大学、十堰、咸宁医学院等学校的学生。襄阳职业技术学院的主要是护理专业。研究生毕业可提供安家费 12 万元。

医院 736 个编制，在岗 830 人（包括 400 多名无编制护士，护士不给编制），目前有空编。

2. 对于目前“三支一扶”人员流失量大、人员缺失的问题，您怎样看待？该如何改进或解决？

答：最需要的是应届毕业生，可塑性比较大。医院扩张后，只要是医学人才都需要。

3. “三支一扶”人员的加入对本机构医疗服务能力是否有切实的提升？具体体现在哪些方面？他们发挥了哪些作用？

答：研究生给 10 万元安家费和编制，解决食宿，都不来。一本院校毕业生给编制都不来。目前人手不够，准备到贵阳和南昌等地的医学院找本地生源的学生。

一般临床专业支医人员来后先在医院转科 1 年，在这 1 年内可以观察其能力，1 年后拿到执照可以单独值班。觉得“三支一扶”的政策很好，能补充人力资源。

4. 本机构对“三支一扶”人员有无绩效考核，是如何实行的？若没有，如何对“三支一扶”人员进行绩效评估？

答：轮转期间的表现主要由科主任来评价，跟实习一样。在轮转期间可以注意观察其特长。

5. 目前机构是如何对“三支一扶”人员进行管理的？存在哪些困难和问题？

答：纳入正式职工管理，没有什么困难和问题。

6. 您认为我国现行的“三支一扶”政策中的支医政策有何不足？有何改进建议？

答：人社部门考试（事业单位考试），考试时间与学校的考试相冲突，再就是满足不了1：3的招考比例。另外，人社部门的考试要求主要是公开（包括时事），卫生部门主要要求是实用，要求不一样。

致　谢

本研究得到了湖北省人力资源和社会保障厅、孝感市人力资源和社会保障局、黄冈市人力资源和社会保障局、恩施州人力资源和社会保障局、宜昌市人力资源和社会保障局的大力支持和协助，本书的出版得到湖北大学政法与公共管理学院的大力资助，在此一并表示感谢！

李文敏

2016. 12